刘 勍 主编

非物质文化遗产学术研究

亲历者口述史系列丛书

刘 勍 著

中国非遗保护与研究20年

中国文联出版社

http://www.clapnet.cn

图书在版编目（ＣＩＰ）数据

中国非遗保护与研究 20 年 / 刘勍著. -- 北京 : 中
国文联出版社，2020.12
　　（非物质文化遗产学术研究：亲历者口述史系列丛
书 / 刘勍主编）
　　ISBN 978-7-5190-4463-3

　　Ⅰ．①中… Ⅱ．①刘… Ⅲ．①非物质文化遗产－保护
－研究－中国 Ⅳ．①G122

　　中国版本图书馆 CIP 数据核字(2021)第 014127 号

中国非遗保护与研究 20 年

著　　者：刘　勍			
终 审 人：朱彦玲		复 审 人：曹艺凡	
责任编辑：王柏松　张　甜		责任校对：潘传兵	
封面设计：春天书装		责任印制：陈　晨	

出版发行　中国文联出版社

地　　址：北京市朝阳区农展馆南里 10 号，100125

电　　话：010-85923035（咨询）85923000（编务）85923020（邮购）

传　　真：010-85923000（总编室），010-85923020（发行部）

网　　址：http://www.clapnet.cn　　http://www.claplus.cn

E－mail：clap@clapnet.cn　　wangbs@clapnet.cn

印　　刷：北京新华印刷有限公司

装　　订：北京新华印刷有限公司

本书如有破损、缺页、装订错误，请与本社联系调换

开　　本：710×1000		1/16	
字　　数：113 千字		印　张：11	
版　　次：2020 年 12 月第 1 版		印　次：2020 年 12 月第 1 次印刷	
书　　号：ISBN 978-7-5190-4463-3			
定　　价：30.00 元			

《非物质文化遗产学术研究——亲历者口述史》系列丛书

总　策　划：刘　劼

总　编　撰：刘　劼

专家委员会

顾　　　问：刘锡诚

主　　　任：白庚胜

副　主　任：邢　莉

成　　　员：刘晔原　萧　放

　　　　　　江　帆　侯仰军

　　　　　　王锦强　白旭旻

作者

《非物质文化遗产学术研究——亲历者口述史》系列丛书启动仪式与会嘉宾合影

专家委员会顾问刘锡诚先生在《非物质文化遗产学术研究——亲历者口述史》系列丛书启动仪式上讲话

专家委员会代表合影

专家在审稿会上交流

专家审读稿件

作者在新疆乌鲁木齐《中国民间文学集成·新疆卷》表彰大会上
与新疆民间文学集成特殊贡献奖获得者周巍峙部长合影（2010 年）

作者部分发表作品

作者于新疆库车田野调查（2011 年）

作者在江西井冈山采风红色歌谣（2008 年）

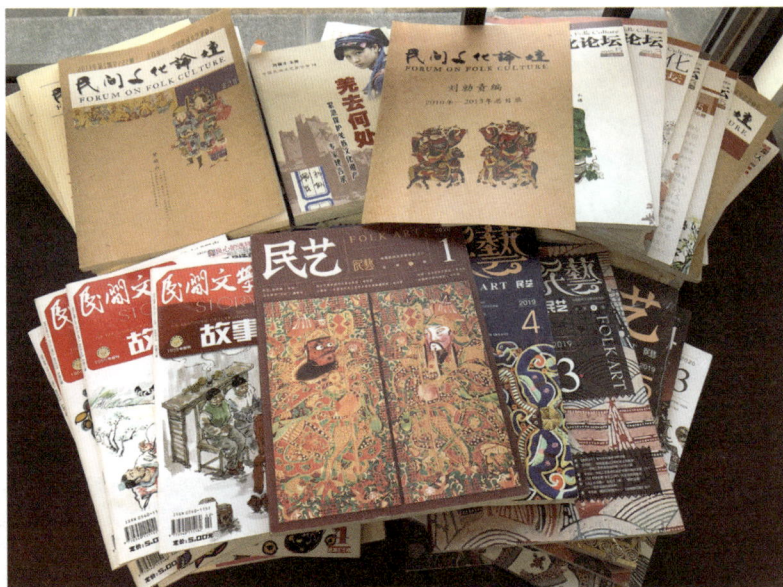

作者部分编辑成果

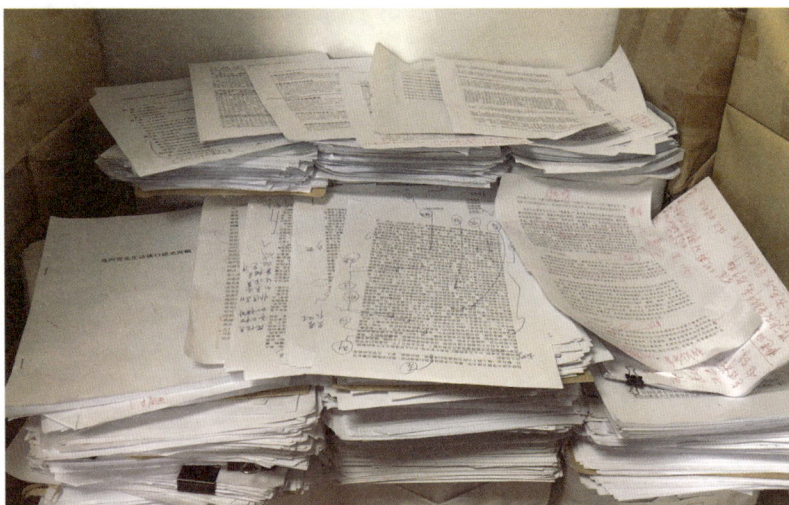

《非物质文化遗产学术研究——亲历者口述史》系列丛书编撰稿稿样

沿着先行者的道路前进

　　2019 年是中华人民共和国成立 70 周年，在举国欢庆祖国母亲 70 华诞的热烈氛围中，十分高兴和荣幸于此时推出《非物质文化遗产学术研究——亲历者口述史》系列丛书。

　　迈入 21 世纪，凝聚了无数人的心血和奉献的非物质文化遗产保护成为举国上下努力的伟大文化事业。为了体现国家对优秀传统文化的重视态度和支持力度，展现我国非物质文化遗产保护从无到有、从有到优的艰辛历程，本丛书以开阔的视野、翔实的资料、全面的内容，力求立足学术理论、口述历史、大家角度，为读者讲述亲历者宝贵的非遗保护经历和故事。

　　非物质文化遗产是历史文化的重要载体。加强非物质文化遗产的保护、研究具有提高民族向心力、促进国家文化繁荣的作用。希望丛书成为我国传统文化伟大复兴的见证，成为我国抢救、保护非物质文化遗产浩然事业的一部恢宏记录，成为我国五千年文明历史所遗留的优秀传统文化在当代传承、发展的图卷。在本套丛书出版之际，我谨代表为丛书倾注心血、殷殷期盼的口述人，以及给予本书理论支持的学术委员会所有专家学者，以此出版成果祝福祖国繁荣昌盛，祝愿祖国优秀传统文化事业永葆青春。

以往·当下

我国拥有 5000 余年深厚的文化底蕴，是世界上唯一不间断文明传统的历史文化古国。中华民族是一个由多民族融合为共同体的民族。黄河流域是我国文明的发源地，农耕社会是我国非物质文化遗产的摇篮。在这片肥沃富饶的土地上，优秀的非物质文化遗产滋养中华民族一代又一代生机蓬勃地成长。因此，保护、传承、发展祖先留下的文化宝藏是每个中国人与生俱来的责任。

十八大以来，习近平总书记多次提出弘扬中华传统文化的重要性。他坚信："一个民族的复兴需要强大的物质力量，也需要强大的精神力量。"2019 年 7 月，习总书记在内蒙古自治区考察调研时，观看了史诗《格萨（斯）尔》说唱展示，并与《格萨（斯）尔》80 多岁的非遗传承人亲切交谈。他指出：党中央支持和扶持非物质文化遗产，要培养好传承人，一代一代接下来、传下去。

中国传统文化是中国文化软实力的内在支撑。在国家层面重视传统文化的语境下，非物质文化遗产、民间文化等相关领域得到了空前关注。多年来，国家在优秀传统文化，尤其是非物质文化遗产方面重点部署、持续发力。之所以如此重视传统文化和提倡文化自信，是由于文化承载着历史，传承至今成为一种文化传统，基于其过程则称为传统文化，我国具有丰富而深厚的传统文化资源，这是中国人为之自豪的民族基因和取之不尽的祖传宝藏。非物质文化遗产具有无形的、可传承的性质，使它的生命与它被接受的程度紧密相连。保护非遗的目的在于传承和弘扬中华优秀传统文化，其最终指归是民众自觉，文化自信，民族自尊，国家自强。

多年的耕耘，使我国非物质文化遗产的保护成效显著、硕果累累。我国列入联合国教科文组织非物质文化遗产名录（名册）的项目共计 40 项，总量位居世界第一①。国务院公布了我国四批共计 1372 个项目的国家级非物质文化遗产项目名录。国家文化主管部门先后命名了五批共计 3068 人国家级非物质文化遗产代表性项目代表性传承人。文化部在我国各地设立了 7 个国家级文化生态保护区。

随着我国保护工作的稳步推进，保护重点也在不断变化。近年来，非物质文化遗产保护的重点和难点在于：完善非遗保护的机制，加强非遗保护法制的细化，进一步加强非物质文化遗产的学术意义和学科建设……我国的学术发展和理论建设一向受到国家的重视。习近平总书记强调："必须高度重视理论的作用，增强理论自信和战略定力。"可见，非物质文化遗产保护更要考虑到振兴理论、复兴文化的时代重任，也有着迫切需要和现实意义。

---

① 截至 2019 年 12 月底。

大家·传承

　　学术研究应该在现实发展之前沿统揽全局，对于"非物质文化遗产"这个"年龄小的老同志"来说，我国"非物质文化遗产"学科建设和学术发展需要更大空间的提升。这其中很大原因是因为我国非遗的丰厚复杂，给学术研究增加了难度。非物质文化遗产是一个多学科交叉的学术领域，包含"民间文学""民俗学""民间艺术"等学科，我国的非遗理论专家也是从相应研究的学科和方向集合而来。若使非遗学术理论成为保护非遗的依据和支撑，需要加强学术研究、学科建设和涉及交叉学科的互动，丰富学术科研深度，才能更好地以理论指导实践。

　　新中国成立70年以来，老一辈传统文化研究专家、学者见证了非物质文化遗产的兴衰变迁，同时他们凭借自身的学术积淀、理论水平影响、促进着学科的发展。本丛书请到乌丙安先生、刘魁立先生、刘锡诚先生为访谈对象，他们是民俗学、民间文学、民间文化领域著名专家学者，皆为国家非物质文化遗产保护工作专家委员会的专家，并都获得了"中国文联终身成就民间文艺家"荣誉称号，是公认的学术大家。他们凭借丰富的学识和深厚的底蕴，为非物质文化遗产的本土化落地实施建言献策，为非遗的学术理论研究做出重要贡献，是我国非物质文化遗产的学术奠基人。

　　参照我国已推出的非物质文化遗产传承人的概念，非遗传承人是指掌握非遗技艺，凭借自己的习得、经验和创新、传承非遗的人。站在研究的角度上，专家学者对非物质文化遗产的原理、规律进行剖析、研究，对学生和后辈的教授和指导，也是一种传承行为。所以，专家学者既是非遗的发声人，也是非遗的传承人。没有他们的呼吁和鉴定，非物质文化遗产不易被挖掘和保护。没有他们的研究和教授，后辈很难学习和领会到非遗的重点难点和其中奥义。作为研究者，我们的目光汇聚在传承人身上的同时，也应该投入具有几十年研究经验的非遗学者身上。因为他们具有敏锐的目光和丰富的保护经验，他们是非物质文化遗产保护的呼吁人和先行者，他们为国家层面保护非遗建言献策，他们促进了非物质文化遗产更好地传承，通过对他们的口述史研究，能够进一步加强非遗保护的理论水平和实践高度。

缘起·始末

我在初出茅庐之时进入中国民间文艺家协会，得到了许多与学术大家、文化大家交往的机会。他们的帮助和提携，加速了我的成长；他们的谆谆教导，成为我人生成长中珍贵的养分。一直以来，我想将这种感受分享给更多的朋友，使更多年轻一代有听"大师说"的机会。所以我在心中埋下了"向大家学习、向经典致敬"的种子。

本书从 2016 年春节后开始策划，在未开展之前就得到了学界许多著名专家、学者的支持和帮助。2017 年初，在多方面设想和筹备下，开始相关工作的开展。2017 年 4 月，书籍项目组召开了隆重的启动仪式，成立了"专家委员会"。几年的成书过程中，为了保证书籍的学术眼界和质量，不断地召集学术研讨，听取专家的意见，及时修订书中内容。源于对本书的肯定，通过多家媒体跟踪报道，项目有幸获得了社会和学界的颇多关注。

前文谈过，非遗学者是非遗学科的亲历者，也是非遗的"传承人"，更是非遗学术的代言人。目前，本丛书选定非遗保护、研究领域的老一辈专家学者乌丙安先生、刘魁立先生、刘锡诚先生为对象，我有以下考虑：

其一，他们是非物质文化遗产研究领域的学术大家，不仅是第一批投入非遗研究的人，也是非遗学科发展的见证者，拥有丰富的保护经验及前瞻性的理念和观点。他们的身份和意见具有重要的意义，他们为非遗保护做出的贡献应该被铭记。其二，也是重要且迫切的原因，这几位德高望重的学术大家均已到耄耋之年，我们将目光落在保护非物质文化遗产的同时，也要将目光落在保护非物质文化遗产的人身上。几位大家多年的学术积累是非物质文化遗产学术研究的主要铺垫，应该把他们的人生历程和学术思想记录下来，进行"抢救性"学术保护。

基于此，本书坚持以人为本，将研究建立于学者本身，围绕着他们的人生历程和学术思想，本着"忠实记录"的原则，以他们的理论高度和宏观视角为基点，以他们的研究成果和保护经验为着力点，展现他们的个人经历和学术历程，着重体现了他们参与非遗保护、研究的经历，以及非遗研究的学术观点和体会。结合文本资料，运用口述史学的方法研究非遗的学术历史和发展，总结和提炼具有现实意义的非物质文化遗产保护特点和传承措施。

本套丛书一共四册，约80万字。丛书策划别具匠心，既包含了几位学术大家各自的口述分册，也设置了资料文本研究的非遗学术分册。口述分册从他们各自的角度为读者讲述和介绍了我国非遗保护的艰辛历程和不为人知的故事，解答了很多非物质文化遗产研究的关键问题。学术研究分册总结了非物质文化遗产的阶段性发展，梳理了我国20年非物质文化遗产保护实践工作的历程。《中国非遗保护与研究20年》作为本套丛书的首册，意图起抛砖引玉之用，是对我国非遗保护实践20年的整体研究，对保护经验进行了提炼，既可以成为口述分册时间、事件线路的对照和说明，加深读者对我国非遗保护足够的了解和印象，也是本套丛书的导引，精确对口述史非遗学术研究的定位。而后重头戏是口述内容的分册。分册以刘锡诚先生、刘魁立先生、乌丙安先生为排序，每人一册的设置，清晰、全面地展现了他们不同的人生经历和共同的学术奉献。

本套丛书历时3年余完成，历经了多重困难和突发情况，可谓一波三折。口述部分文字展现给读者达50余万字，实际搜集、整理的口述资料则超过了60万字。本书得到的体量和成果，是我最初策划时不敢想象的。虽然丛书做到了和时间赛跑，及时采集了几位非遗大家的学术理论观点和保护经验。但十分遗憾的是，乌丙安先生在留下珍贵的口述资料后突然辞世了。他的离开是民俗学学界和非遗保护领域的巨大损失，更是本书的遗憾。虽然已经采集下乌丙安先生生前宝贵的非遗口述资料，然而我还是觉得着手太晚，为乌先生做的太少，所以唯有更加认真谨慎。《乌丙安回忆录》将作为他最后一本口述史遗留，虽然乌先生不能看到图书的出版，但我坚持推出，我认为这是他学术生命的延续。

几位学术大家饱含热情、一丝不苟，为本套丛书的质量和高度筑好了第一道关卡。我则是为这套丛书守卫的士兵，成书过程中，我经历了设想、计划、实施、整合、处理、编辑、研讨等阶段，事无巨细，不厌其烦。本着精益求精的学术态度和要求，秉持着不变的初衷，难度不断加大，要求不断提高，内容一再完善、补充，最大限度地提高了本套书的容量和质量，增强了可读性和学术性。在几位大家耐心的支持、帮助下，我努力坚持下来，克服重重困难，精雕细琢、呕心沥血，最终完成全书。

未来·我们

2000年至今，联合国倡导、各国积极响应的非物质文化遗产保护工作在全球范围内愈发重要。非物质文化遗产概念的出现使人们认识到，非遗与人类、非遗与自然、非遗与历史等范畴息息相关，非物质文化遗产的保护是人类发展进步的必要阶段，也将是长久的文化命题。放眼国际，我国是非遗资源大国，做出了中国榜样。矗立国内，非遗保护形式越发丰富，成果越发丰硕，并且，在非遗保护实践的推进中，各项方式方法、目标和问题不断完善、强调、修正，未来前景一片大好。

经历了举国上下积极保护非遗的 20 年，非物质文化遗产在我国已经成为一个知名的文化名词，具有强大的明星效应。通过大力宣传、推广非物质文化遗产保护工作，带动了优秀传统文化范围内各种类别和形式，如传统戏曲、曲艺、工艺等，使得"老传统"在新时代再一次焕发了生机，促使国人在非遗文化大潮中增加了对优秀传统文化的认识，提高了文化自信。

当下，我们正处在非遗保护的平缓期。进一步总结非物质文化遗产保护的经验教训，将是未来开展保护、发展非遗的重要工作之一。谈到发展，就要谈到两个问题，一是均衡，另一个是可持续。立足我国已经取得的非遗保护工作成绩：例如出台《非遗法》、建立起国家—省—市—县四级保护名录、命名了五批共 3068 人的国家级传承人、设立国家文化生态保护区等宝贵的有效的经验，在国家层面的大力推动下，我国非遗保护体系完成了框架性和结构性的建设，正在逐步进行内部支撑的锻造。虽然完成了方向和路线上的定位，有不少未经注意的、细节处的、遗漏的问题有待进一步细化和填补。找到问题才能解决问题，比如涉及"民间文学""民俗"等门类和非物质文化遗产学术研究这种商业性薄弱但需要长时间投入、不能马上见效的范畴就处在保护"弱势"地位，更要增加关注度和保护力量。

非遗保护是一项长久的文化事业，要想不间断地延续下去，必须提前展望可持续发展态势。联合国教科文组织于 2015 年通过了《保护非物质文化遗产伦理原则》，成为近年保护工作关注的焦点。其从性别平等、尊重民族认同、保护非遗是保护人类共同利益等方面给予强调和确定，避免了实践中偏差和矛盾现象的产生。另外，可持续发展，还需要不断地扬长补短。我国非遗保护工作规模大、投入多、时间紧，不免暴露缺陷和问题。未来，积极查找漏洞、调整措施，在保护方法、状态上完成系统化、全面化的治理和平衡。坚持按照正确的保护理念、运用科学的保护方式，方可实现非遗保护常态化的可持续发展。

结点·起点

在中国文学艺术基金的资助下、中国民间文艺家协会的支持下，在学识素养俱全的专家学者指点引导下、赤诚仁爱的师长领导鼓励帮扶下，本书得以顺利出版，在此一并感谢。长期承托大家炽热的期盼，如今图书公开推出，可谓苦尽甘来，我也完成了一桩使命。而我，诚惶诚恐，丝毫不敢松懈。图书的出版也许不尽完美，还望各界师友多批评指正。希望读者们在书中找到真谛，能够在几位学术大家的口述之中有所收获。

之所以必须保护非物质文化遗产，是因其赋予我们的精神力量比物质给予我们的作用更大，其渗透给我们的是永久的、融入血液中的财富。在我国的传统思想中，尊师重道是中华民族的优良美德，向老一辈师长学习同样是获取精神力量的重要方式。乌丙安先生、刘魁立先生、刘锡诚先生是年高德劭的专家学者，是后辈学习者的榜样。丛书中他们的学术风范和治学态度，将是未来非遗人学习的典范。

人生一世，草木一春。学习是保持年轻活力的法宝。打造本书就是我学习的过程，我受益良多。然而这套丛书的出版并不是终点，恰恰相反，这是一个起点，它将是"非遗学术研究——亲历者口述史"系列的开端。我认为以"亲历者"的视角为非遗的学术发展做见证，为非遗保护实践做总结，可以推动非遗学术的进步和学科的建立，加固我国非遗保护的理论城墙。我会总结经验，整装出发，将系列形成品牌继续下去。

种瓜得瓜、种豆得豆，只有耕耘才能有收获。研究非遗是保护非遗的方式之一，希望越来越多的文化工作者和学术研究者汇入非遗保护领域中来，为非遗保护的理论建设添砖加瓦。我国的非物质文化遗产属于每一个中国人，需要民众躬体力行地主动加入非遗保护中来，努力去守护。希望本书的出版促进年轻人向大家和前辈学习、看齐，做有情怀、有担当的新一代，接过接力棒，成为非物质文化遗产保护的亲历者，继续为实现中华民族伟大复兴而努力奋斗。

刘 劼

2019 年 10 月初稿

2020 年 6 月修订

序

　　我与刘勍相识于 2007 年。当时她在中国民协主办的《民间文学论坛》当编辑。有一天，她以第九届中国民间文艺"山花奖"工作人员的身份来我家里送文件，我们便相识了。由于我曾经在《民间文学论坛》工作过，是前后同事，于是我借机向她询问了《论坛》的情况，更多地询问了她的个人情况，鼓励这个刚入职未久的小同行小朋友在学术刊物编辑工作中大显身手。我对她说：你作为一个学术刊物的编辑，既要在编辑方面成为专家，也要在学术方面有所专长，也就是说，既要做好民间文学理论编辑，又要使自己成为这一领域的学者。

　　由于刘勍同志对民间文艺理论的重视和挖掘，经她之手，我在《民间文学论坛》上发表了不少文稿，如在 2008 年复刊号（12月复刊，刊名改为《民间文化论坛》）上发表的《试论非物质文化遗产的价值判断问题》。这篇文章，是 2008 年 8 月 4 日在华中师范大学与湖北省文化厅主办的"20 年来中国非物质文化遗产保护的理论与实践学术研讨会"（长阳）和 9 月 2 日—4 日在中国民间文艺家协会与浙江省民间文艺家协会主办的"中日非物质文化遗产保护论坛"（宁波）的论文。我在这篇文章里提出和论述了好几个非物质文化遗产保护方面的重要的观点，如：价值判断是评审和认定各级非物质文化遗产保护项目的根据和基础。判断非物质文化遗产的价值，采取什么样的价值观是至关重要的，而采取什么样的价值观，又最终取决于用什么样的历史观作指导。我还提出在发展和创新当代文化时，吸收和发扬传统文化的精神或元素，固然要有所选择，不能无选择地兼收并蓄，但文化发展和创新的理念，不能等同于对待文化遗产的原则和理念。在非物质文化遗产保护上出现的许多怪现象，盖出于把非物质文化遗产想象为"纯"而又纯的文化或文艺这样一种乌托邦式的理念，唯物史观从来是我们唯一的选择。

罗杨同志 2011 年出任中国民协的分党组书记兼驻会副主席后，曾当面聘我担任《民间文化论坛》的特邀主编。从此，我和刘勍同志增加了更多互相学习的机会。此时，她已经成长为一个责任编辑了，对民间文化学术理论有了自己的认识和思考，经她的策划、邀约和编辑，陆续发表了我多篇关于非物质文化遗产保护的文章，如《21 世纪：民间文学研究的当代使命——关于中国特色的民间文艺学》《非遗时代的民间文学及其保护问题》等，这些文章含有我对非遗研究重要的学术观点。

作为国家非物质文化遗产保护专家委员会委员，我对北京市的非物质文化遗产比较关心，应该说也有较多的了解，2012 年曾经建议刘勍去调查了解京味儿文化，她对北京绢人手工艺制作和手艺人的事迹很感兴趣。而后，她在同年的《文化遗产》第 4 期上发表的《手工艺"非遗"的生产性保护探究》一文就是她一次次实地调查的成果。北京绢人是具有浓郁京味儿特色的非物质文化遗产，源自宫廷，是以丝、绸、绉、绢等为原料，手工扎制而成的一种立体绢塑艺术品。作为历史悠久的传统手工艺，中华民族丝绸文化的一脉，既体现了中华文化的价值，又融汇了北京地方文化的传统和智慧。刘勍调查了北京绢人的生产性保护现状，总结了北京绢人生产性保护的历史，提出了生产性保护的可行性建议，希望北京绢人能够得到更好的保护和传承、振兴和发展。她在文章末尾提到我对她的指导和帮助，这篇文章成为她进行学术研究的初阶。她对学术的责任感是 2017 年 4 月 28 日由中国民间文艺家协会申报、她担任负责人的"非物质文化遗产学术研究——亲历者口述史"并得到中国文学艺术基金会资助的文化项目的先导。她选取刘魁立、刘锡诚、乌丙安在非遗保护、研究领域里三位学者为采访对象，通过对这些学者的走访，记录他们的学术观点，折射相关学科的发展历程，总结非遗保护和研究的方法和经验。这一项目的组织实施，既是对前辈学人学术精神的继承，也是对中国在世界非遗保护领域独特实践——非遗保护的中国道路——的展示。她的这一项目的成功，成为嗣后 20 年她倾心于非物质文化遗产保护研究的起跑点。

她的这本书，记录和展示了作者对 20 年非遗保护和研究上的心路历程和实践，现在要正式出版了，作为同一战壕里的战友，也作为刘勍的老师，我热切地祝贺它的问世。

刘锡诚

2020 年 5 月 4 日

（作者系中国文联研究员、民间文艺学家）

目　录
CONTENTS

第二章

中国非物质文化遗产保护进程

第三章

非物质文化遗产保护的中国实践

第四章

我国非物质文化遗产保护经验的总结和提升

第五章
我国非物质文化遗产保护的发展和未来

导　言

在 2019 年的中国，非物质文化遗产（以下简称非遗）已然是一个著名的专有名词和成熟的文化概念。对于民众来说，非物质文化遗产是一种名称和一种指代[①]，包含强烈的地域性特征和情感依托。对于文化界和学术界来说，非遗是研究对象，保护非遗既是进行文化和学术的研究，也是以非遗为着力点促进我国优秀传统文化的发展。对于国家和民族而言，开展非遗保护有许多益处，对内能够增加国家文化底蕴，促进优秀传统文化传承，有效激发民众凝聚力。对外非遗是我国在国际上的一张重要名片，宣传非遗能够突出我国文明古国深厚的历史文化形象，通过有序有效的非遗保护工作巩固我国大国地位、打造强国基础。所以，保护非物质文化遗产是我国传承民族文脉、实现复兴中华民族、弘扬传统文化的必然之举。

进入 21 世纪以来，开展非物质文化遗产保护成为我国规模最

---

① 现实中经常被谬指为某物体。

大的文化行动。这源于我国深厚的文化遗产根基和亟待保护的非遗状态。中国幅员辽阔，地大物博，分布着丰富的地域特色资源。中华民族历史悠久、少数民族众多，积淀了丰富深厚、博大精深的文化。漫长的农耕文明历史，成为凝结着数代中华民族子孙后代智慧和生活经验的非遗摇篮。硕大富饶的非遗宝库，是中华民族儿女的精神财富。自从20世纪以来，商业化、工业化和现代化进程的飞速发展，非遗遭受的流逝和消亡，对中华民族的文化发展是巨大且沉重的打击。纵览全球，众多民族及其文化在现代化浪潮中难以幸免，联合国教科文组织出于"保护文化多样性"在世界范围内提倡开展非物质文化遗产保护。这种观念与我国倡导的抢救、保护传统文化一致，相同的契机为后来浩大的非遗保护行动奠定了基础。

2001年5月联合国教科文组织向世界宣布了第一批"人类口头和非物质遗产代表作"，我国申报的昆曲赫然位列其首，这意味着我国的民族智慧精华得到了国际文化层级的认可和重视。而后，古琴艺术于2003年入选第二批"人类口头和非物质遗产代表作"。"非物质遗产"① 这个名词和事项开始在我国得到关注和认识，并在第一时间受到了国家层面的重视和规划。逐渐，非遗保护工作在我国展开，几个重要的文化工程和法律法规中以"非物质文化遗产"替代传统文化及民间文化同类概念。随着我国自主化和本土化"国家级非物质文化遗产名录"的公布，以及保护方式的丰

---

① 后更名为非物质文化遗产。

富，保护工作的深入开展，其中对传承人的认定和保护、增加传统节日的法制放假制度、设立文化生态保护区等举措，我国的非遗保护迅速在民众中赢得了好感，获得了全社会的关注和认可。特别是2011年《中华人民共和国非物质文化遗产法》的颁布及施行，非遗保护的成效和影响达到了新的高度。

从2000年筹备、申报第一批"人类口头和非物质遗产代表作"到2019年，我国开展非物质文化遗产相关工作已经20年。民众经历了最初陌生、逐渐接受、自发接触、自觉保护几个阶段。收获丰硕的保护成果，取得举世瞩目的成绩，背后是举国上下的努力付出。为了促进未来非遗保护发展进步，笔者认为有必要将保护历程及成果进行梳理和分析。这对过去是一种总结，也是对当下提出问题，更是对未来发展的展望。本书将基于非物质文化遗产概念在我国落地生发，围绕我国开展本土化非遗保护的实践，针对产生的问题进行研究，并融合归纳非遗保护各阶段的一些有益经验，期望能够对未来非物质文化遗产的保护发展方向进行有效的解答和补充。

第一章 / 非物质文化遗产——缘起和由来

非物质文化遗产（Intangible Cultural Heritage）正式出现于2003年10月联合国教科文组织（UNESCO）发布的《保护非物质文化遗产公约》。此名称延续并脱胎于2001年联合国教科文组织首批"人类口头和非物质遗产代表作"中对非物质遗产（Intangible Heritage）的称法，并在名称和定义上进行了确认和完善。

《保护非物质文化遗产公约》中，"非物质文化遗产"被定义为"指被各群体、团体，有时为个人视为其文化遗产的各种实践、表演、表现形式、知识和技能及其有关的工具、实物、工艺品和文化场所。各个群体和团体随着其所处环境、与自然界的相互关系和历史条件的变化不断使这种代代相传的非物质文化遗产得到创新，同时使他们自己具有一种认同感和历史感，从而促进了文化多样性和人类的创造力。在《保护非物质文化遗产公约》中，只考虑符合现有的国际人权文件，各群体、团体和个人之间相互尊重的需要和顺应可持续发展的非物质文化遗产"[1]。我国《中华人民共和国非物质文化遗产法》中对非物质文化遗产的定义引列如下：（非物质文化遗产）"是指各族人民世代相传并视为其文化遗产组成部分的各种传统文化表现形式，以及与传统文化表现形

---

[1] 《保护非物质文化遗产公约》，中国非物质文化遗产网（http://www.ihchina.cn/）。

式相关的实物和场所"①。相比起来，经过我国本土化，对非遗的规定和描述更加贴合于国情，也更加便于理解。

无论如何阐述，非遗的本质其中之一是——"视为"，视为即认可。民众认可、接受自己的文化传统，非遗才能称之为非遗。这不仅考验了一个国家、一个民族对传统文化整体性的自知自觉，也反映了非遗活态存在的必要性。非物质文化遗产的表现形式是丰富多彩、多种多样的，如果除去具象化的外壳，它们有着相同的特点，如内在核心的无形性、技艺秘诀的传承性、不断变化的活态性等。其中非物质文化遗产的传承性尤为重要，多元的传承方式，无法固定的传承结果，使在变化中随着时间延续和发展遗留的精粹，更加突显非物质文化遗产的珍贵价值。

因为历史不断演变和更替，人类科技的进步和生存环境的变化，使非遗面临对当下社会的不适应和不适用，这些带着悠久历史印记的无形文化宝藏大多处于濒临消失的境地。对此，《公约》中如此描述："（承认）全球化和社会转型进程……使非物质文化遗产面临损坏、消失和破坏的严重威胁，在缺乏保护资源的情况下，这种威胁尤为严重。"基于现实窘境，联合国教科文组织对世界文化未来整体发展的整体考虑下，肯定世界文化多样性和人类智慧创造性做出贡献的非物质文化遗产，在各国人民的期许中，发出对"保护世界文化多样性"的呼吁。

---

① 《中华人民共和国非物质文化遗产法（中华人民共和国主席令第四十二号）》，中国非物质文化遗产网（http://www.ihchina.cn/）。

无论站在人类发展的高度上，还是担当国家、民族发展的大任，保护非物质文化遗产都是必须且必要的。事实上，保护非物质文化遗产，保护的就是我们自己，保护了自己的文化，就是保护了根脉。

非物质文化遗产概念的出现和变迁

　　18世纪工业革命开始以后，全世界陆续进入了工业化发展进程，此举加速了现代化浪潮的袭来，社会环境发生大幅度变化。18世纪至19世纪，部分语言学家和民俗学家开始意识到并提出应该记载世界上存在的人类口头传统文化。第二次世界大战后，许多自然文化遗产和非物质文化遗产遭受摧毁，这是整个人类的巨大损失。20世纪中叶开始，陆续有国家意识到本国及本民族特有的文化传统需要保护，开始在各自范围内采取措施。

　　进入20世纪以来的很长一段时间，一如流行名词"地球村"所传达的信息，世界因为科技发展带来趋同的生产生活环境，网络使各国人民的距离如同在相邻的"社区"一般。越来越紧迫的现代化和城镇化发展进程的现实，在科技使用、生活环境等方面产生出相似的发展态势。掌握经济话语权的西方国家文化成为主流文化并强势渗透，使一些国家逐渐失去民族特色和文化特点。

　　如果世界人民的文化趋于相同，将造成各民族、国家失去独特性和唯一性的标识，对人类发展是巨大的损失和灾难。任何事物都具有两面性。一方面，现当代遇到的社会转型时期的传统文化逐渐衰落，引发一系列严重的问题，造成了不可挽救的传统文化牺牲；另一方面，传统和现代的强烈冲突，也带来了转机，在人类文化发展的角度上，促成各民族、各国家能够正视和审视这一问题的契机。作为国际最大、最权威的政治体系联合国，其职责之一是："促成国际合作，以解决国际间属于经济、社会、文化及人类福利性质之国际问题，且不分种族、性别、语言或宗教，增进并激励对于全体人类之人权及基本自由之尊重。"[①] 它担负着保护世界各国各民族文化传统和文化权利的责任。现实的迫切需要，促进了非物质文化遗产保护行动的加速出现。20 世纪中叶起，联合国教科文组织开始为传统文化的传承发展找寻对策。经过了多年的探求，于 1997 年 11 月的第 29 次全体会议通过了建立"人类口头遗产和非物质遗产代表作"的决议。而后 1998 年联合国教科文组织颁布《人类口头和非物质遗产代表作条例》，奏响了非遗保护的序曲。

2000 年 4 月联合国教科文组织正式启动了"人类口头和非物质遗产代表作"的项目申报。同年起，我国政府积极参与提名、申报工作，文化部对申报"人类口头和非物质遗产代表作"进行研究部署，委托中国艺术研究院负责实施具体事宜。这是我国开展保护非物质文化遗产工作的开端。从 21 世纪初出发的中国非物

---

① 联合国宪章，联合国官方网站（https://www.un.org/zh/）。

质文化遗产保护，走过了 20 年历程，形成了我们今天看到的卓著成绩和显著效果。

梳理过历史背景和经历，我们回到对概念的讨论。非物质文化遗产这一名词称谓的产生，不是凭空出现，是经过了多年的累积和演化得以确定。非物质文化遗产概念也并非一成不变，而是经过了几个阶段的变迁和发展，从而得到奠定。既然要讨论非物质文化遗产，就要先厘清非遗概念的形成和过程。下面根据联合国教科文组织出台的纲领性文件《保护非物质文化遗产公约》中提到的相关文件，结合时间顺序进行分析：

"参照现有的国际人权文书，尤其是 1948 年的《世界人权宣言》以及 1966 年的《经济、社会、文化权利国际盟约》和《公民及政治权利国际盟约》，考虑到 1989 年的《保护民间创作建议书》、2001 年的《教科文组织世界文化多样性宣言》和 2002 年第三次文化部长圆桌会议通过的《伊斯坦布尔宣言》强调非物质文化遗产的重要性，它是文化多样性的熔炉，又是可持续发展的保证……注意到教科文组织在制定保护文化遗产的准则性文件，尤其是 1972 年的《保护世界文化和自然遗产公约》方面所做的具有深远意义的工作……"①

《公约》中重点提到的几个文件：1972 年的《保护世界文化和自然遗产公约》、1989 年的《保护民间创作建议书》、2001 年的《教科文组织世界文化多样性宣言》和 2002 年第三次文化部长圆桌会

---

① 《非物质文化遗产保护公约》，中国非物质文化遗产网。

议通过的《伊斯坦布尔宣言》。早期有关文化遗产的文件是 1972
年联合国教科文组织通过的《保护世界文化和自然遗产公约》，其
规定了文化遗产和自然遗产的定义。文化遗产被确定为"文物、
建筑群、遗址"。"1972 年，UNESCO 在讨论通过《公约》时，提交
了一份关于非物质文化遗产的提案，同时还指出，'无形文化财'
又称'非物质文化遗产'，至此，'非物质文化遗产'这一名称
首次出现在 UNESCO 会议文件中。"[①] 1989 年的《保护民间创作建
议书》，另有译名为《传统民间文化建议书》，建议书中要求"各
会员国充分意识到大量包含丰富的文化特性和各地民族文化渊源
的口头遗产正面临消失的危险，应当采取法律手段和一切必要措
施，对那些容易受到严重威胁的遗产进行必要的鉴别、维护、传
播、保护和宣传"。可以看出，在非物质文化遗产一词语进入中国
之前，民间文化是最普遍使用的指代该概念之词。2001 年 11 月
联合国教科文组织通过《世界文化多样性宣言》，确定了世界文化
多样性的意义和重要性，提出了"文化多样性——人类的共同遗
产文化在不同的时代和不同的地方具有各种不同的表现形式"，并
谈到"文化多样性是人类的共同遗产"。提倡国际社会应承认文化
多样性，并基于人类发展考虑进行保护。2002 年联合国教科文组
织通过的《伊斯坦布尔宣言》中开始使用"非物质文化遗产"的
名称，并呼吁"世界各国遵循联合国教科文组织通过的《世界文

---

① 张春丽、李星明：《非物质文化遗产概念研究述论》，载《中华文化论坛》，
2007 年。

化多样性宣言》的原则，制定有关搜集和整理非物质文化遗产的国家政策和相应的措施，同时在这一领域开展广泛的国际合作"。

综上，从联合国教科文组织几个官方文件中可以了解到非物质文化遗产的形成过程，以及《保护非物质文化遗产公约》文件出台前逐步形成的发展路径。正是因为有了对各国传统文化保护的铺垫和基础，加深了对世界文化多样性的一致认识，才有了联合国对非遗的高度重视和各成员国的响应。

国际级别对非物质文化遗产的重视和关注，与部分国家在本国对非物质文化遗产理念施行探索和进行保护分不开，日本是公认的先行者。1950年日本政府颁布了《文化财保护法》，其中列出了"无形文化财"的范畴，有意将有形和无形分开，并对无形文化财制定保护措施，比如对技艺的记录和资金的支持，并称呼被认定者为"人间国宝"，给予经济和荣誉上的肯定，逐渐形成了保护制度。日本对无形文化财保护的重视，影响了邻国韩国，1961年韩国颁布了《无形财保护法》。因为日韩先进保护之风的推广，菲律宾、泰国、法国等具有文化传统的国家吸取经验，类似的保护计划在本国开展。1973年时，玻利维亚向联合国教科文组织提出了应为保护民间创作提供保障，得到了联合国教科文组织的认可和重视，各成员国也给予了响应。于是，保护民间创作这一议题被提上日程，成为联合国和各成员国的统一认识和重要责任。

可以看出，非物质文化遗产这个"跨世纪的新概念和国际性的新举措"的产生，以及其范围和定义的确定，是经过半个世纪的摸索和修正。对此，一些学者进行了研究和分析。乌丙安先生认为"人类口头和非物质遗产"的由来和发展是经过了三个里程碑，才获得推出。第一个里程碑是1972年《世界遗产公约》提出的世界遗产概念，从而启动了世界范围内的遗产保护工程；第二个里程碑是1989年的《保护民间创作建议案》，提出了民间创作（肯定了民间文化）的地位，启动了民间创作保护工程；第三个里程碑是1998年《人类口头和非物质遗产代表作条例》的颁布。正式提出人类口头和非物质遗产并列的概念，启动了"人类口头和非物质遗产代表作名录"的申报。

延伸说明，联合国教科文组织对非遗的概念在不断地调整和改进，例如"人类口头和非物质遗产"后调整为"非物质文化遗产"。由各国向联合国申报的国际级别名录名称，就经过了从"人类口头和非物质遗产代表作"到"人类非物质文化遗产代表作名录"的转换和递进。将"人类口头"的称谓隐去，是由于非遗的保护范围里涵盖人类口头传统。代表作和名录的称谓并列了，使独特性、自主性的重要取代了具有优秀含义的代表性概念。以上种种，使"非物质文化遗产"概念的形成更加全面成熟，更加贴合现实情况。

非物质文化遗产名称界定和术语翻译

    非物质文化遗产（Intangible Cultural Heritage）在中国已经是普罗大众耳熟能详的文化名词，这个外来词汇来源于联合国教科文组织于 2003 年向世界公布的《保护非物质文化遗产公约》（简称《公约》）。《公约》以英文、阿拉伯文、中文、西班牙文、法文和俄文拟定，并阐明六种文本具有同等效力。如果阅读中文版本的《公约》，就能从名词术语和整个文件表述中发现字里行间不符合中文行文习惯，造成文件精神不容易领会的情况。据一些学者研究，法语是《公约》拟定的第一语言，中文版本则是从英文版本翻译而来。这就需要对《公约》本身进行更深层次的研究。在此，我们只讨论名称术语的翻译界定。

    基于以上背景，这个外来的国际性文化专有名词在我国被翻译为"非物质文化遗产"。针对这个英译中的名称，许多学者提出了质疑。原因有几个：第一，翻译不符合中文词语习惯，不通顺；第二，名称过于学术，不容易理解；第三，英文译成中文以后，名称不能完全概括这个文化名词的定义，不准确。

名不正则言不顺。名称术语和内涵定义如果不能完全相符，则会对诸如保护实践和学术研究等方面带来许多方向性的问题。非物质文化遗产的术语名称是否存在偏颇，术语对非遗的内涵和定义造成哪些影响，下面将针对这几方面进行分析。

我们知道，"术语是专业领域中概念的语言指称"[①]，为了便于理解，术语又称为名词或科技名词。"非物质文化遗产"就是作为国际文化性质的专业术语出现在中国，对相关概念有着根本性的概括和代表作用。《公约》中对非物质文化遗产的定义是："被各群体、团体，有时为个人视为其文化遗产的各种实践、表演、表现形式、知识和技能及其有关的工具、实物、工艺品和文化场所。"前文已经阐述过非遗概念出现的历史以及表述含义、范畴、名称使用的历史。虽然在保护范围上不尽相同，但它们在文化遗产保护历史不同阶段都曾出现，经过发展，最后由官方统一的"非物质文化遗产"所取代。

我们可以看到，曾出现过例如"人类口头和非物质遗产"及"无形文化遗产"都和"非物质文化遗产"表述很相似。这三个名称侧重点不同，其重合点是"遗产"。对于遗产这个用词的出现，学术界鲜有争议。对此词，苑利指出："遗产"一词，从内涵到外延大体上都经历了一个从"父母留给子女的财富"，渐次发展为

---

① 《术语工作·原则和方法（国家标准GB/T10112）》，载《术语标准化与信息技术》，2003年第1期。

"历史的见证"以及"整个社会的共同继承物"这样一个不断拓展的过程。"遗产"一词的外延，几乎囊括了人类所创造的所有文明。[①] 笔者认为，"遗产"概念在文化保护事项中出现，除了名词的作用，主要传递了一个过程，这个词具有能够想象的空间。"遗产"首先是祖辈的、群体的、民族的，然后交给我或我辈，我及我这一代做好非遗保护，再交给下一代。这体现着一种责任，蕴含着非物质文化遗产历史性的积累和价值。

"无形文化遗产"脱胎于"无形文化财"。无形文化财是非遗概念出现最早阶段的代表。日本于 1950 年在本国施行了《文化财保护法》，将无形的文化财产单列出来，规定了其范畴和保护的必要，确定了无形的文化财产需要保护。这个概念的出现引起了他国对"无形文化财"概念的重视，对后续世界性无形文化遗产保护产生了影响。

"人类口头和非物质遗产"是 1997 年联合国推出有关非物质文化遗产代表作事宜最初阶段的称法，制定并命名为《人类口头与非物质遗产代表作》(*The Oral and Intangible Heritage of Humanity*)，在公布 2001 年首批和 2003 年第二批非遗名录时进行了使用。其借鉴了"无形文化财"的概念，并修正了"无形文化财"保护范畴中对口头传统保护的轻视，使名称将"人类口头"与"非物质遗产"并列出来，突出了口头传统的重要性。但是这个称法也有问题，一方面，人类口头（传统）的范畴应该包

---

① 苑利、顾军：《文化遗产报告》，社会科学文献出版社，2005 年。

含在"非物质（文化）遗产"之中，另一方面非物质遗产的名称并不严谨，因为这个提法中只有非物质遗产[(the)Intangible Heritage]，没有文化的前缀，它的外延将无限扩大。比如心理等范畴中，意识和观念可以属于此列。

"非物质文化遗产"来源于《公约》，这个名称在"人类口头和非物质遗产"基础上进行了修订。从其定义中我们可以看出非物质文化遗产名词强调了非物质，但许多非物质文化遗产是依托于物质而存在。这个名称将物质—非物质在文化保护上分为了两个部分的对立面，缺少了整体性的考虑。《现代汉语词典》中，物质有两个解释：1. 独立存在于人的意识之外的客观实在。2. 特指金钱，生活资料等①。就此意思分析，如果非物质代表意识的话，那保护范畴也将无限扩大，比如人的性格、习惯，人和人交流的方式方法，等等。所以，非物质遗产无疑是不准确的。

比较来看，无形文化遗产和非物质文化遗产是有差别的概念。从字面上理解，无形文化遗产强调于无形，即看不见的，也就是强调内涵，强调存于内部的技艺和智慧。非物质文化遗产强调的是非物质，却给人以错觉更多的提及了物质，也就是着重了对于外在的依附。非物质文化遗产定义的范围中，比如"语言、时间制度、口头传统"等，并不特别需要物质作为表现形式。过多强调非物质和物质的对立没有必要。按照中文的语言逻辑和理解习

---

① 中国社会科学院语言研究所词典编辑室：《现代汉语词典（第五版）》，商务印书馆，第1449页。

惯对以上命名的术语进行分析，文化遗产可以分为有形文化遗产和无形文化遗产。按照文化遗产已有的定义"文化遗产是具有历史、艺术和科学价值的文物"，分为物质文化遗产和非物质文化遗产，也不完全准确。

那么，在英文的《公约》制定中和术语出现的含义来说，是否就应该使用这个术语呢，正确的表达到底是什么呢？

联合国教科文组织曾经在历史文件中使用过"Non—Physical Cultural Heritage"来表述，直译成中文是"非物质文化遗产"。1992年，教科文组织在文件中将表述名称修订为"Intangible Cultural Heritage"，直译是无形文化遗产。在分析了非物质文化与非物质文化遗产原本的英文语义和术语所代表的内涵和外延，有些学者认为，非物质文化遗产的翻译理应被称为无形文化遗产，才能更大限度的符合其原意，无形文化遗产是表现出内涵、特性最合适的词汇。也有学者认为，非物质文化遗产和无形文化遗产的名称在保护早期一直存在混用称呼的情况，其实非物质文化遗产和无形文化遗产是一回事，没有太大的差异。

无论如何，非物质文化遗产的英文名称（Non—Physical Cultural Heritage）术语曾被联合国教科文组织使用过，是曾用名。后来被无形文化遗产（Intangible Cultural Heritage）所取代。非物质文化遗产项目的提出是联合国教科文组织出于提倡世界文化多样性发展的考量，由于组织和发布者的国际性政治体系权威身份，使《保护非物质文化遗产公约》本身就为政治性文件，它在学术严谨程度、学理方面势必存在着短板。其实，就定义和名词的匹配度来说，非物质文化遗产所代表的并不完全是非物质的，无形文化遗产也不能完全指代无形。但是通过非物质文化遗产这个名称不断在世界多个国家的深入，也对其所代表的含义带来了有益的宣传。

从使用习惯和频率来看，非物质文化遗产这个颇有学术意味的新名词，已经在中国得到了官方的认可，并且深入使用开展了工作。若贸然修改名词术语，恐怕对已经建立的正面宣传效果和后续发展影响很大。目前，通过对非遗名称和概念不断的论证和研究，大大增加了正确含义的解读。未来，应该加强非物质文化遗产的概念表述的调整和重构，在学术方面加强修正和理解。通过普及和宣传，提高人们对非物质文化遗产核心和内涵的正确认识，以弥补术语含义与所代表概念不完全一致的问题。

中国非物质文化遗产保护进程

第二章

我国开展非物质文化遗产保护的初始，当以响应联合国教科文组织号召，开始筹备申报第一批《人类口头与非物质遗产代表作》为起点。2000 年 4 月，联合国教科文组织正式发起了"人类口头和非物质遗产代表作"项目，我国在收到了联合国教科文组织的信函后，文化部认真研究、领会了文件精神，将申报工作部署给中国艺术研究院。2000 年，中国艺术研究院作为昆曲、川剧、剪纸等 5 个项目的申报单位完成了向联合国教科文组织"人类口头与非物质遗产代表作"的申报工作。2001 年 5 月 18 日，联合国教科文组织向世界公布了首批"人类口头和非物质遗产代表作"名单，其中进入"代表作"共 19 项，中国的昆曲位列榜首。

　　2003 年，联合国教科文组织对非物质文化遗产的概念进行了重新整合和明确界定，意图向世界大力推广非物质文化遗产保护，在第 32 届大会上通过了《保护非物质文化遗产公约》。2004 年 8 月，我国正式加入《保护非物质文化遗产公约》，并根据《公约》要求着手制定配套落地化政策。2006 年 4 月，《保护非物质文化遗产公约》在世界范围正式生效后，我国政府推进保护工作，实施了一系列的保护举措，推动了对非物质文化遗产保护的中国化探索和实践。

　　截至 2019 年 6 月，我国入选联合国教科文组织"人类非物质文化遗产代表作名录""急需保护的非物质文化遗产名录""保护非物质文化遗产优秀实践名录"三个名录共 40 项非物质文化遗产，其中 32 项非物质文化遗产列入教科文组织"人类非物质文化遗产代表作名录"，如古琴艺术、安徽宣纸、贵州侗族大歌、书法、妈祖信仰、京剧、二十四节气等。7 项列入"急需保护的非物质文化遗产名录"，如羌年、中国活字印刷术等。福建木偶戏传承人培养计划这 1 项列入"保护非物质文化遗产优秀实践名录"。

联合国教科文组织的 3 个"非物质文化遗产名录"是国际社会保护非遗的集成之作，亦是各国对本国非遗抢救、保护工作重视程度的集中体现和成果展示。目前，我国是列入联合国教科文组织非遗名录项目最多的国家。这有几大益处，一方面，在名录上留名，可以展现中国政府在国际社会的正面形象；另一方面，名录具有成绩单的作用，既能说明中国非物质文化遗产资源的丰富和优秀，是具有广博文化底蕴的文明国家，也将中国非遗保护工作成效和力度带向世界舞台进行精彩亮相。成功开展非遗保护的实践工作，虽然是我国高水平完成对联合国教科文组织的履约任务，但本质是对世界文化多样性保护富有责任感和对本国文化传统的重视态度。从中展现的强有力大规模的执行力风范，则代表着新时代新时期大国崛起的中国力量，也体现着中华民族拥有传统文化的自豪感和对中华民族复兴的美好希冀。

20 年间非物质文化遗产保护实践，使非遗在我国落地生根。从一个不知甚解的陌生词汇发展到妇孺皆知能举出一二例子的知名文化用语，得益于我国积极推广、打造的热烈氛围，促使负有政治任务、历史责任的非物质文化遗产保护向公共文化自然转型，更促发了民众的文化自觉，使民众进一步意识到非遗就在自己身边，是生活的一部分。除了我国政府的大力推进和坚实保障，社会各方力量和民众的广泛参与也起到了决定性的因素。一直以来，扎实稳健的传统媒体和发展迅速的新媒体积极为非遗保护进行宣传、普及，产生了正面作用。学术机构和社会团体以非物质文化遗产政策文件把握和理论构建作为着力点为我国的非遗保护建言献策，及时地进行智力支持。学校和教育培训作为非遗保护的培育基地，为非遗传承提供环境设施、培养人才、延续血脉。近年来，随着社会资源参与增多，许多企业看好非遗前景注入资金，提供更加灵活、创意化的方式提高与民众的互动，吸引民众加入非遗保护、传承的行列中来。

人人都是文化的传承人，人人都是文化遗产的继承者。人民群众是非物质文化遗产存在的根本和意义。20 年中，非遗在我国的蓬勃发展来自民众的积极响应和自觉支持。非物质文化遗产虽然是新生词汇，含义却是具有历史积淀的传统文化。自从 20 世纪 80 年代以来，经济大潮中现代化的生产、生活方式，使传统文化在日常生活中渐渐失去了用武之地，被传统文化根基滋养的国人因此困惑和迷茫。保护非物质文化遗产成为一种媒介，打通了生活在新时代的民众和积淀的文化传统的屏障。因为非遗保护的注入，我国传统文化发展产生了新的变化和契机，民众对传统文化由关注到保护，使传统文化重新回到主流文化的领域，增强了整体文化自觉和自信。我国通过对非遗抢救、保护工作的努力和成

效切实加快了中华民族传统文化复兴的进程。下面就我国实践非
物质文化遗产保护情况进行详细梳理和分析。

我国非物质文化遗产保护背景

　　我国保护非物质文化遗产的历史可追溯到古代，比如距今2500多年的《诗经》，其中《国风》部分就是以民歌、民谣为基础采集记录而成。民间文学类还有记录古代神话的《山海经》《楚辞》，记录民间故事进行加工的《聊斋志异》等。世界第一部记录农业和手工业生产技术的百科全书是我国的《天工开物》，其中对纺织染色、陶瓷砖瓦烧制、宝石采集加工等技术技艺进行了详细记述。在古代，无论是无穷尽的民间智慧，还是封建社会皇家礼制，都存在有意识地进行采录和整理，成果的流传扩大和延长了传统文化的根脉。可以说，我国对所拥有的民间文化、传统文化的正确认识，很早觉醒并开展保护，从而留下了大量惠及后人的成果，为我国非物质文化遗产保护打下了深厚的基础，为新时代新时期的非物质文化遗产传承做出了贡献。

　　为了更精准地体现非物质文化遗产保护的现代基础，以下只讨论新中国成立以来，非物质文化遗产保护未实施之前，我国在相关方面所做的工作和成效。

中国民间文艺研究会的成立

　　1949 年新中国成立以后，在非物质文化遗产概念进入我国之前，我国已经有了几十年的自身文化保护意识和经验。中国民间文艺研究会（简称民研会）于 1950 年 3 月成立，民研会以"搜集、整理和研究中国民间文学、艺术，增进对人民的文学艺术遗产的尊重和了解，吸取和发扬它的优秀部分，批判和抛弃它的落后部分，使有助于新民主主义文化的建设"[①]为宗旨。第一届主席为周扬，理事长为郭沫若。郭沫若在 1950 年 3 月 29 日的民研会成立大会上发表了讲话《我们研究民间文学的目的》，其中谈到五点：

　　1. 保存珍贵的文学遗产并加以传播。

　　2. 学习民间文艺的优点。

　　3. 从民间文艺里接受民间的批评与自我批评。

　　4. 民间文艺给历史家提供了最正确的社会史料。

　　5. 发展民间文艺。我们不仅要搜集、保存、研究和学习民间文艺，而且要给以改造和加工，使之发展成新民主主义的新文艺。

---

　　① 《中国民间文艺研究会简介》，原载《中国大百科全书》（第二版），中国社会科学网，2014 年 4 月 25 日。

由此可见，在新中国成立之初，我国保护民间文学、艺术遗产的工作就已经有意识有计划地开展。而后，民研会组织了多次大规模的田野调查和民间文学普查，对民间文化和少数民族民间文艺展开发掘、整理，及时地抢救出了民间文化遗产，获得了新中国成立之初宝贵的第一手资料，形成了大量的文字史料并流传至今。

"民间文艺十套集成"的出版

1979 年，《中国民族民间文艺集成志书》（简称"中国民间文艺十套集成"）出版工程由中宣部、文化部、国家民委和中国文联相关文艺家协会联合发起。30 年后的 2009 年 10 月，中华人民共和国成立 60 周年之际，《中国民族民间文艺集成志书》在人民大会堂召开了出版表彰总结大会，宣告这一进行了 30 年的盛世文化工程圆满结束。

《中国民族民间文艺集成志书》是国家基金重点项目，出版工作由文化部民族民间文艺发展中心负责组织开展。十部文艺志书分别是《中国民间歌曲集成》《中国戏曲音乐集成》《中国民族民间器乐曲集成》《中国曲艺音乐集成》《中国民族民间舞蹈集成》《中国戏曲志》《中国民间故事集成》《中国歌谣集成》《中国谚语集成》《中国曲艺志》，涉及民族民间音乐、舞蹈、曲艺、民间文学等文学、艺术门类，其中《中国民间故事集成》《中国歌谣集成》《中国谚语集成》被民间文艺界亲切地称为"民间文学三套集成"。"民间文学三套集成"是由中国民间文艺研究会发起和负责，1981年这项动议被提出，得到了中央领导的大力支持，于1984年正式组织实施。据统计，从1984年至1990年，全国有200余万人次的基层文化工作者参与普查和搜集工作，共抢救性记录民间故事约184万篇，民间歌谣约302万首，民间谚语约748万条，总字数超过了40亿字。[①] 中国民间文艺十套集成的编纂，工作顺序安排如下：各地方先由地县整理，各地县出版后，由各省市整理出版，最后汇集到国家出版。这样就形成了县卷本、市卷本、省卷本、国家卷本自下而上有体系的系统化工作。这是经过了30年的打磨，摸索出的编纂流程和经验，得到的成果蔚为可观。全国10多万文化工作者的正式参与（其中许多人是专职），编纂出版了298部450册省市卷，3万多张照片，共约5亿字。2009年以后，"十套集成"的工作未停，香港、澳门卷设立卷本，继续承担编纂任务。

在条件简陋、物资匮乏的年代，文化工作者大规模有计划地进行搜索、普查，搜集流传于民间尚存的民族民间艺术的第一手资料，结合民间文艺的专业理论知识，对各文艺门类形式的发展历史、传承情况兼并介绍，进行整理、加工，形成了宝贵的劳动果实。这种对文化保护的觉悟是超前的，这个成果是属于全中国，

---

① 安德明、杨利慧：《30年来中国民俗学学科建设》，中国民俗学网，2013年6月26日。

乃至全世界的珍贵史料资源。参与工程的文化工作者中，许多文化大家亲力亲为，如周巍峙、钟敬文、罗扬等。

"十套集成"工程影响深远，反响广泛，被国内外称为"中华民族文化长城"，至今仍是文学艺术界里程碑式的，系统浩大、历时长久的文化工程。它全面反映了我国各地区各民族戏曲、曲艺、音乐、舞蹈、民间文学五个门类多种艺术形式的状况，是改革开放以来我国在民族民间文化抢救与保护工作所取得的标志性成果。其珍贵的意义在于，它是中华人民共和国成立以来第一次将中华民族几千年的传统文化、民间文化的高度集成。从浩如烟海的民间汇集进入书中，将无形的精神文明变成有形的文化遗产。"十套集成"既对我们所继承的、拥有的民间文化的摸查、总结，也是对中华民族子孙后代的留存给予，为他们留下了宝贵的、深厚的文化财富。对于后来的非物质文化遗产时代来说，十套集成工程是非遗保护的先行者，从工作方向、经验和文化价值、定位来说都为我国繁荣的非遗时代打下了坚实的基础。

"中国民族民间文化保护工程"的实施

中国民间文艺研究会于 1987 年更名为中国民间文艺家协会（以下简称"民协"），主要任务由对民间文艺的搜集、整理、研究扩展为对民间文学、艺术、民俗及相关各学科的兼并关注。中国民间文化遗产抢救工程（以下简称"抢救工程"）是继 20 世纪 50

年代的"民间文学"采风，80年代的"民间文学三套集成"工作之后，由中国民协负责的又一大型文化工程。

1999年，中央民族工作会议对进一步加强全国少数民族文化工作形成意见，2000年2月，文化部、国家民委联合发布《关于进一步加强少数民族文化工作的意见》，要求加快少数民族文化建设和民族地区文化发展。恰时，联合国教科文组织在世界范围提出了《人类口头与非物质遗产代表作》的决议，国内外发掘、保护本土传统文化，维护人类文化多样性形势一片大好。"中国民间文化遗产抢救工程"最初由中国民协主席冯骥才在2001年提出倡导，工程旨在对中国民间文化进行地毯式的搜集、整理、保护。批准成为国家重点文化项目后由中国民间文艺家协会承担。中国民协于2001年进行筹备，2002年开始全面开展，2003年2月在人民大会堂宣布正式启动实施。

中国民间文化遗产抢救工程获得了国家的大力支持，2002年"抢救工程"被批准为"国家社科基金特别委托项目"。2003年被列入文化部其下分为三个子工程：第一个子工程是由文化部实施的民族民间文化的保护工作和建立保护区的工作；第二个子工程是由中国民协承担的"中国民间文化遗产抢救工程"；第三个子工程是由艺术研究院实施申报"人类口头与非物质遗产代表作"和落实保护非遗的相关工作。子工程统一在总工程领导小组领导下实施。

中国民协开展"中国民间文化遗产抢救工程"工作历时多年，不畏艰难，摸清了家底、筑牢了基础，对全国2000多个县、市、省级的民间文化进行普查、搜集、登记、整理、编辑，形成了大量珍贵的资料，出版了多套丛书，并对部分民间文化传承人进行了单独调查和立档。出版成果例如《中国民间文化遗产抢救工程普查手册》《中国木版年画集成》《中国民间故事全书》《中国民间口头与非物质文化遗产丛书》等。为了深化影响，进一步提高抢救、保护效果，中国民协的工作步伐不断，工作抓手不断增加。2010年中国民协启动的"中国口头文学遗产数字化工程"，是过去60年来口头文学普查记录资料的大汇总，图文资料收集后以数字化信息的方式加工、留存。

2017年，中国文联、中国民协启动了"中国民间文学大系"工程，《中国民间文学大系》是一部囊括中国百年来所有民间文学集大成之作。这些艰巨的保护任务和工程，是以中国民协几十年普查、抢救、保护民间文化资源为基础而开展，促进了我国民间文化保护方式的进步和非遗保护观念的提升。

21世纪之初，在非物质文化遗产保护大潮来袭之前，国人对民间文化遗产、传统文化资源等观念尚未重视、明晰之前，"中国民间文化遗产抢救工程"作为先行者，有计划、大规模地普查、抢救，为保护我国民间文化做出了巨大贡献。中国民协开展"抢救工程"推动了非物质文化遗产保护工作的进展，营造了热烈的保护氛围，积累的工作方法、保护方式、实施效果等经验，对我国非遗工作的开展是强有力的铺垫，拉开了我国保护中华民族传统文化的大幕。

我国非物质文化遗产保护的滋生兴起

  联合国教科文组织多年关注、保护世界文化多样性以及相关文件陆续的推陈，于 1997 年得到了突破。1997 年 11 月，联合国教科文组织通过了关于创立"人类口头遗产和非物质遗产代表作"的决议。后在决议精神的基础上，进行鉴别和修订，于 1998 年 11 月，联合国教科文组织通过《人类口头和非物质遗产代表作条例》。2000 年 4 月，教科文组织向全世界范围正式发起了非物质文化遗产代表作名录的申报和评估。在国家层面的重视和部署下，我国成为最早响应号召的国家之一。2000 年开始由文化部领导中国艺术研究院筹备开展名录相关申报工作，并在当年完成申报。2001 年 5 月 18 日，我国申报的"昆曲"被列入首批"人类口头和非物质遗产代表作"，在通过的 19 个项目中名列榜首。

  2002 年 5 月，中国艺术研究院启动"抢救和保护中国人类口头和非物质遗产工程"，宣布在文化部的支持下有规模有计划地开展我国"口头和非物质遗产"的认证、抢救、保护等相关工作。众多著名学者，如张庚、王朝闻、戴爱莲、任继愈、冯其庸、朱家潜、刘梦溪、刘魁立、刘锡诚等参加了研讨和论证。当时，学者们指出"抢救和保护口头和非物质遗产是一项长期而又艰巨的任务，必须引起全社会的重视，国家应给予专项资金保证，推动尽快全面地实施这一抢救和保护工程的各项具体措施"①。并提出，申报联合国非遗名录有着各类困难，人类口头和非物质遗产名录两年公布一次、每个成员国一次只能申报一个项目、联合国支持的资金微薄、仅仅通过申报名录项目达到保护的目的是远远不够的等若干问题。当时专家认为，保护应该以"联合国启动—政府出配套资金—相关机构拿出配套保护研究措施"的方式进行。该工程宣布"将参照联合国教科文组织规定的标准，着手制定我国人类口头和非物质遗产的鉴定和评价体系，制定中国人类口头和非物质遗产登记认证体系"并计划用五年时间开展"人类口头和非物质遗产"普查。

同一时期，著名文化学者、时任中国民协主席冯骥才于2001年7月提出实施"中国民间文化遗产抢救工程"动议，计划对中国的民间文化进行地毯式的普查、搜集、整理、编辑。2002年，该工程紧密筹备后进入了实战阶段。在中央、文化部和中国文联的支持下由中国民间文艺家协会组织实施开展，2003年2月"中国民间文化遗产抢救工程"正式启动。

2003年10月，联合国教科文组织通过了《保护非物质文化

①《抢救和保护中国人类口头和非物质遗产工程启动》，《文艺理论与评论》，2002年第4期。

遗产公约》,《公约》重构和整合了"人类口头和非物质遗产"概念,提升为"非物质文化遗产",并说明将"人类口头和非物质遗产代表作"项目纳入未来"人类非物质文化遗产代表作名录"。2004 年 8 月,我国在第十届全国人大第 11 次会议上批准正式加入《保护非物质文化遗产公约》。

正式加入《公约》后,我国在全国范围内大力推行非物质文化遗产保护。为了调动起全社会的力量,及时、深入地开展保护工作,在国家层面的重视下,以国务院及文化部为主要单位向全国下发了若干通知、规定,开始筹备各项工作的实施。作为我国保护非物质文化遗产的重要文件,《关于加强我国非物质文化遗产保护工作的意见》于 2005 年 3 月由国务院办公厅印发。其中对"保护文化遗产的重要性和紧迫性""非物质文化遗产保护工作的目标和方针""建立名录体系""形成工作机制"等问题进行了说明,针对相关情况做出规定。《国家级非物质文化遗产代表作申报评定暂行办法》作为附件下发,要求以文化部的序列单位为主,自下而上申报我国非物质文化遗产。同年 12 月,国务院下发《关于加强文化遗产保护的通知》,明确了保护工作的职能职责,提出了解决非遗重点问题的重要性。对开展普查工作、制定保护规划、抢救珍贵非遗、建立名录体系等问题和规定进行了详细说明。对指导思想、基本方针、总体目标和保护蓝图进行了公布:"通过采取有效措施,文化遗产保护得到全面加强;到 2010 年,初步建立比较完备的文化遗产保护制度,文化遗产保护状况得到明显改善;到 2015 年,基本形成较为完善的文化遗产保护体系,具有历史、文化和科学价值的文化遗产得到全面有效保护；保护文化遗产深入人心，成为全社会的自觉行动"，并且《通知》按照《公约》要求部署了全国非物质文化遗产的普查工作，计划3年内基本完成。

为了宣传和推介非物质文化遗产，营造保护氛围。2006年2月，我国政府举办了第一届"中国非物质文化遗产保护成果展"，展览展出了2000多件实物和2000多张图片，现场还特别设置了传承人展示非遗的环节，展览在不到1个月的时间吸引了35万以上的观众参观。2006年6月10日，我国迎来了以"保护文化遗产，守护精神家园"为主题的首个"文化遗产日"，遗产日围绕主题开展了一系列活动，通过大力宣传、展示非遗风貌，吸引、促发了民众的保护意识。

2006年4月，《保护非物质文化遗产公约》在世界范围内正式生效。这是全世界非物质文化遗产保护的重要进展，我国也迎来了自2000年开展非遗保护以来的一大进步——拥有了自己的非遗名录。2006年5月，国务院公布了第一批"国家级非物质文化遗产名录"，共含有十大类518项，春节、端午节等传统节日及白蛇传传说、杨柳青木版年画等项目悉数入列。"国家级非物质文化遗产名录"的公布在全国范围内引起了反响，具有地域文化突出特点的非遗唤醒了民众对丰富、珍贵传统文化的记忆。

2006年6月，我国高票入选联合国教科文组织保护非物质文化遗产政府间委员会成员，有权参与世界"非遗名录"审议和意见。2006年12月，《国家级非物质文化遗产保护与管理暂行办法》施行，这是国家出台关于保护非物质文化遗产的法规，它的出现对非遗搜集、保护、传承及传承人等方面的实施和保护有了法律依照。

截至 2006 年底，我国初步完成了第一个阶段性任务。能够快速响应联合国教科文组织对"保护世界文化多样性"的号召，将"非遗保护"概念及时输入、落地到国内。在我国国家层面的重视和顶层设计下，非遗保护成为我国文化工作的重要组成部分，确定以政府职能部门定为责任主体，有计划、大规模地进行了工作规划、部署。在国内推广、宣传非物质文化遗产，初步实现聚焦关注和产生影响力。民众因为我国向联合国申遗、家乡向国家级名录申遗等具有自豪感的文化切入点对非遗保护产生关注和兴趣。

鉴于此，非物质文化遗产的保护实践在中国经历了 2000 年至 2006 年的第一个时期，保护效果开始展现。这个时期中，非物质文化遗产在我国经历了从无至有的阶段，并由于我国对传统文化的重视，被寄予了极大的热情，制定了长远目标计划。经历了几年的发展，非遗保护初步得到了全国的关注力和日益增加的影响力。

我国非物质文化遗产保护的蓬勃发展

　　基于前一时期我国对非物质文化遗产的概念引进、落地化改造和对非遗形象的宣传、推广，政府对保护政策、体系的规划和建设，使非物质文化遗产保护在我国渐入佳境，于本时期马不停蹄地进入了快速发展时期。

　　不断营造的浓厚氛围和宣传力度，使民众对非遗保护加强了认识了解，蕴含优秀传统文化的非物质文化遗产顺利回归民众视野。在宣传推广方面，2007年4月，我国在联合国教科文组织巴黎总部第一次举办了中国非物质文化遗产节，获得了巨大反响和成功。5月23日至6月10日，由国务院批准的第一届"中国成都国际非物质文化遗产节"在四川成都举办。"成都非遗节"每两年举办一届，是由联合国教科文组织参与主办的首个国际性的大型文化节会。6月9日，我国第二个"文化遗产日"举办，本次遗产日的主题是"保护文化遗产，构建和谐社会"。这一时期着力于加强宣传力度、组织丰富活动、提高保护认识，"宣传推广"仍然是非物质文化遗产保护的重要内容。

在与联合国教科文组织的联络、协调方面，我国在 2006 年 6 月当选为保护非物质文化遗产政府间委员会成员以后，于 2007 年 5 月在我国举办了联合国教科文组织保护非物质文化遗产政府间委员会特别会议，会议讨论、研究、制定了"人类非物质文化遗产代表作名录"的评选标准及规则。

保护工作在这个时期的初始即迎来了突破性的进展。保护非物质文化遗产的关键，就是保护非物质文化遗产的载体——非遗传承人。在此之前，我国几乎没有非物质文化遗产传承人的概念，尤其是封建社会中，部分传承人的社会地位很低，日常以技艺换取温饱，更不要提对他们的尊重和重视。非遗传承人定义的出现大大提高了传承人的社会地位，也提高了待遇，具有发展性的进步。同时，非遗保护工作定位至以人为本，将保护工作的抓手放在传承人之上，也是准确、务实的表现。

经过各地申报、组织专家组初评、向社会公示、评审委员会审议等程序，2007 年 6 月，文化部公布了第一批国家级非物质文化遗产项目代表性传承人 226 名，包括民间文学、杂技与竞技、民间美术、传统手工技艺、传统医药五大类。紧接着，2008 年 1 月，文化部公布了第二批国家级非物质文化遗产项目代表性传承人 551 名。2009 年，文化部公布了第三批国家级非物质文化遗产项目代表性传承人 711 名。而后在"传承人"命名方面放缓了工作步伐，增强了对传承人的审核标准和考量，着重对保护传承人措施的偏重。2012 年，公布了第四批国家级非物质文化遗产项目代表性传承人 498 名。

从 2007 年至 2013 年，我国公布了 4 个批次共计 1986 名国家级非物质文化遗产项目代表性传承人。在传承人的普查和命名方面，最大程度的做到了和时间赛跑，将保护非遗的荣誉和权利落实到传承人个人。非遗保护在工作方向上找到根源目标——传承人就是非遗的代言人，保护好传承人这个非遗实体，就是长久拥有了非遗保护屏障。

本阶段，建设非物质文化遗产名录体系依然是非遗保护的核心内容。2008 年 6 月，国务院发布了"第二批国家级非物质文化遗产名录"510 项和"第一批国家级非物质文化遗产扩展项目名录"147 项，其中包括：陕北民歌、孟姜女传说、相声、围棋、羌年等。"第三批国家级非物质文化遗产名录"在 2011 年公布。由国务院批准，文化部确定的"第三批国家级非物质文化遗产名录"191 项和"国家级非物质文化遗产名录扩展项目名录"164 项组成，其中包括亚鲁王、赛龙舟、北京四合院传统营造技艺等。

所在的时期不同，面临的情况和亟待解决的问题也不同。我国从第二批名录开始，对部分项目类别的名称和范畴做了修改。考虑到非物质文化遗产不仅包含民间文化，也包含例如宫廷文化。于是将"第一批国家级非物质文化遗产名录"中部分项目的分类范围和名称进行了调整，比如"民间音乐""民间美术"改为"传统音乐""传统美术"，将"杂技与竞技"扩展为"传统体育、游艺与杂技"。这是非遗概念准确理解的进步，也是国家非遗保护工作精准化的表现。

另外，"为了对传承于不同区域或不同社区、群体持有的同一项非物质文化遗产项目进行确认和保护，新设了一个新的项目类型——扩展项目。扩展项目与此前已列入国家级非物质文化遗产名录的同名项目共用一个项目编号，但项目特征、传承状况存在差异，保护单位也不同。国家级非物质文化遗产名录的持续分批公布，以及项目名称的改变、项目类型的拓展，对于推动我国非物质文化遗产保护进程具有重大的意义"[①]。

　　向联合国申报"人类非物质文化遗产代表作名录"也是我国保护非物质文化遗产的重点工作和任务之一。2008 年，联合国教科文组织修改了世界级非物质文化遗产名录的申报规则，不再限定每次每个国家只申报 1 个项目。2009 年 9 月，联合国教科文组织保护非物质文化遗产政府间委员会第四次会议批准了人类非物质文化遗产代表作名录的 76 个项目，我国申报的包括侗族大歌、玛纳斯、端午节等 22 个项目入选。批准了列入"急需保护的非物质文化遗产名录"的 12 个项目，中国的羌族新年等 3 个项目入选。我国成为单次入选名录项目最多的国家。

　　本时期的非遗保护成果纷至沓来，保护工作全面开花，保护成效进步显著。在我国政府的大力推动和支持下，2011 年 6 月 1 日《中华人民共和国非物质文化遗产法》（简称《非遗法》）正式颁布施行，这标志着我国的非物质文化遗产保护工作进入全面依

---

　　① 王文章：《第二批国家级非物质文化遗产名录图典》（《前言》），文化艺术出版社，2017 年。

法保护的新阶段。《非遗法》的出台，为我国非物质文化遗产保护提供了坚实保障，体现了我国对保护优秀传统文化的长期重视和长久决心，也是对未来非遗保护工作提出了新的要求，即更加规范和严格的社会化实施。《非遗法》明确了保护非物质文化遗产成为公民的义务和责任，提高了对保护非物质文化遗产的根本性认识。

除了法律的颁布出台，政策规定方面也在推进和完善。2007年，国务院修改了《全国年节及纪念日放假办法》的决定。2008年开始，我国清明节、端午节等中华传统节日成为法定节假日。传统节日进入我国法定假日之列，在国内引起了广泛反响。随着全国性假日时间的调整，民众切实地感受到了以传统节日为传统文化契机在生活中产生的变化。

上一阶段部署的非物质文化遗产普查工作，在本阶段圆满完成。文化部从 2005 年部署，2009 年结束的全国性非遗资源普查工作，登记非遗资源总量近 87 万项。本次普查，参与人次约 76万人次，走访民间艺人 86 万人次，投入经费 3.7 亿元①，全面、细致、及时地了解和掌握了各地区、各民族非遗资源，对种类、数量、存续情况有了备案。这是 21 世纪以来，我国最大规模的一次文化普查，也是我国非遗保护重要的基础工作，做好了普查就是摸清了家底，未来才能有的放矢，更好地针对已有情况进行非遗保护。

---

① 《首次非物质文化遗产普查结束》，《人民日报（海外版）》，2009 年 11 月。

这个时期开始，除了联合国教科文组织要求的履约工作，我国开始进行自主性非遗保护方式探索——建立国家级文化生态保护区。2010 年 2 月，文化部印发《关于加强国家级文化生态保护区建设的指导意见》，其中明确指出，国家级文化生态保护区是"以保护非物质文化遗产为核心，对历史文化积淀丰厚、存续状态良好，具有重要价值和鲜明特色的文化形态进行整体性保护，并经文化部批准设立的特定区域"。建立国家级文化生态保护区是根据《国家"十一五"时期文化发展规划纲要·民族文化保护》中提出的"确定 10 个国家级民族民间文化生态保护区"这一目标要求，批准建立由文化部负责。从 2007 年开始，至 2013 年，我国建立了例如闽南文化生态保护实验区（福建省，2007 年 6 月）、羌族文化生态保护实验区（四川省、陕西省，2008 年 11 月）、客家文化（梅州）生态保护实验区（广东省，2010 年 5 月）、黔东南民族文化生态保护实验区（贵州省，2012 年 12 月）等 15 个国家级文化生态保护区。

　　从 2007 年至 2013 年的这个阶段，我国非物质文化遗产繁荣发展、成果丰硕。2013 年是联合国教科文组织《保护非物质文化遗产公约》通过十周年。当年 6 月 14 日，"中国成都国际非物质文化遗产大会暨《保护非物质文化遗产公约》通过十周年纪念大会"在我国四川成都举办。我国政府和联合国教科文组织作为共同主办方，各缔约国代表、学者、官员 300 余人齐聚大会，共同庆祝和商讨。联合国教科文组织将大会选在中国举办，说明了非遗保护工作的"中国经验"做出了实实在在的成绩，起到了表率。

我国非物质文化遗产保护的稳健进取

　　我国于 2000 年组织筹备"联合国非遗名录"的申报,多年来持续地对非遗保护工作进行大力推广和广泛开展,取得了令人瞩目的成效。2014 年,我国进入了非遗保护自主实践的第十五个年头,步入了发展平缓稳健的阶段。

　　基于之前累积的工作成果,在名录、传承人方面建立起自己的保护体系,并逐渐形成了具有中国特色的保护方式。在联合国《保护非物质文化遗产公约》施行 10 周年的 2013 年,时任文化部副部长的王文章在《人民日报》发表文章——《"非遗"保护的中国经验》,提出了非遗"中国经验"概念。而后,我国形成了非遗保护的新时期,拉开了一个新阶段的大幕,对"中国经验"的总结和推广成为近年来对非遗保护关注、重视、研究的主要课题,在非遗保护方向上,体现、实践"中国特色"成为重要的工作事项。

　　下面就针对 2014 年至 2019 年这一阶段的保护情况进行分析:

保护效果日益增强

1. 法律保护的深入

2011 年我国出台了《中华人民共和国非物质文化遗产法》（简称《非遗法》）后，进入了依法保护非遗的阶段。2014 年，文化部在《非遗法》的基础上，制定出台《关于加强今后一段时期非物质文化遗产保护工作的若干意见》，起草《国家级非物质文化遗产代表性项目管理办法》，进一步加强法制保护的深入和推广。

本时期我国继续推进、落实"依法治国"的实施措施，加强地方向中央法律法规的衔接和落实，积极完善相关配套规章制度和地方法规的制定。具体措施为各地方以《非遗法》为标杆参照，出台自己的法规文件，例如《陕西省非物质文化遗产条例》《辽宁省非物质文化遗产条例》等，江西省出台的《江西省非物质文化遗产保护条例》是我国第一个省级地方性法规，于 2015 年 9 月正式实施。2016 年文化部组织督查《非遗法》贯彻落实情况，发布了《〈中华人民共和国非物质文化遗产法〉情况评估报告》，截至 2016 年 8 月 31 日，我国共有 24 个省（区、市）制定颁布了 72

部非物质文化遗产地方性法规。云南省出台 20 部地方法规，为全国之首。当时，7 个省尚未出台省级地方性法规。截至 2019 年 9 月，没有资料显示再有类似的行动开展，无法跟进。

法律保护就像大树的树立，有树干的支撑，也需要枝丫的延展。在本阶段发展中，非遗法律保护致力于"延伸手臂"，完善法律法规细则，监督执行到位是工作的重点内容。地方上参照中央落实加强法规出台和约束管理力度，将国家级的整体布局和省（市）级的实际工作结合，开始形成呈脉络的非遗法律保护体系。

新时期面临着新形势，也要着手解决以往的遗留问题。比如，在知识产权保护日趋成熟的今天，非遗的知识产权保护仍然原地踏步，缺少强有力的法律条文支持和代表性的执行案例，使非遗的知识产权保护显得"缩手缩脚"。更大的问题在于，《非遗法》作为行政法的态度明确，但约束力量不够，缺乏实施细则和相关配套制度。依法保护成为"目标"，存在难以落实的情况。另外，熟稔《非遗法》的法律保护专业人才缺失，真正从事《非遗法》业务方向的法律从业人员不足，给予非遗保护法律指导支持的专业后盾群体尚未建立。

进一步构建、完善法律体系是非遗法制保护的必然途径。本时期落实法律规定对非遗的保护、发展、利用得到了具体贯彻落实，有了比较大的进步。比如，《非遗法》第三十四条规定，学校应当按照国务院教育主管部门的规定，开展相关的非物质文化遗产教育。2018 年 5 月，教育部发布《关于开展中华优秀传统文化传承基地建设的通知》，利用高校的教育资源，支持高校以民族民间音乐、美术、曲艺、手工技艺等项目建设传承基地，带动非遗传承发展。这不失为新时期下非遗传承的探索和进步。2018 年 7 月，国务院办公厅、文化和旅游部发布了《关于支持设立非遗扶贫就业工坊的通知》，对非遗的利用和产出，以及实施国家乡村振兴战略起到了具体推动作用。

2. 数字化保护的实施

非遗保护掀起热潮的时期，正是全球化科技高速发展及媒体加速转型的时期。本时期，结合了当下生活的环境、方式所产生的变化，非遗保护方法取得了新的进步。

2014 年，中国非物质文化遗产数字化保护中心完成《非物质文化遗产数字化保护专业标准》的论证和修订工作，对采集、实施、数字化规则等问题进行了行业标准的树立，此后我国利用数字化保护非遗的方式提上主流开展非遗保护的日程。

对于以口传心授传承的非遗来说，用语音、影像等技术手段采集、展示和传播，无疑是当下最合适的方式。随着科技的进步，3D、AR 等技术也逐渐应用在非遗的数字化保护中。例如，已经有机构以全景模拟展示传统村落，细致到展示每条街道和各个房屋，点击鼠标就能在电脑参观，像是到达房屋中间，极大地增加了观者的体验和互动感。

对于"大数据"时代的来临，非遗的数字化保护无疑是必要的，但在近年热潮袭来之时，我们要清醒地认识到，"数字化"利于非遗的"记录"，加强非遗档案库建立，但在非遗利用上有所欠缺。如今，许多资金和人才都投入非遗数字化保护中，主要以执行项目的方式进行，缺少对成果的分析、利用，更缺少对非遗传承的认知。相信未来，在建构起非遗数字化资料库以后，将逐渐趋于平衡。

3. 生产性保护的发展

生产性保护方式于 2006 年提出，是我国非物质文化遗产保护的主要方式之一。其指将具有生产性质的非遗转化为产品，并在实践中与市场结合作为保护方式。这种方式对非遗门类的适用要求较高，通常应用在传统技艺、传统美术和传统医药药物炮制等门类。生产性保护可以激发非遗内在活力，促进活态传承。我国的保护实践中，很多非遗资源尝试运用这种方式走向市场，不断秉承着这一理念的开展开发。

虽然"生产性保护"方式的出发点很好，但在实施过程中，如果缺少监督管理，难免走板走样，造成以商业化、产业化为主，非遗保护为次要的被动局面。基于此，"生产性保护"在近年来也不断地进行探索和完善。

根据《文化部办公厅关于开展国家级非物质文化遗产生产性保护示范基地建设的通知》（2010），继 2011 年 10 月公布的第一批 41 个国家级非物质文化遗产生产性保护示范基地后，2014 年 5 月公布了第二批国家级非物质文化遗产生产性保护示范基地。共涉及 59 个企业和单位，其中包含北京同仁堂（集团）有限责任公司、潍坊杨家埠民俗艺术有限公司等。

两批次基地共涉及 100 个企业或单位，其中类别数量排序为：一、传统技艺类基地 57 个，二、传统美术类基地 36 个，三、传统医药类基地 6 个。山东省潍坊杨家埠民俗艺术有限公司有风筝制作技艺（潍坊风筝）和杨家埠木版年画两个国家级非物质文化遗产代表性项目，同时评为传统技艺和传统美术类基地。

　　近年来，不断有年轻一代加入手工艺传承的行列中来，带来了新思路和新方式，在产品设计、销售渠道、市场开发等方面做出了现代化的尝试，对非遗的"生产性保护"是一种刺激和带动。但是能够兼顾尊重传统、融合现代的"活态传承"都规模较小，以个人和工作室为主独立存在，无法普遍生产产品推广非遗。即使是已经树立品牌的能够形成规模的"字号"，也在现今商业规则下面临"变"的情况。未来，已形成品牌的大规模生产性保护的典范型经验有待普及和推广至全国，并应对新时期采取新的发展举措。

保护制度日趋完善

1. 名录体系建构更加稳固

　　2014 年 11 月，国务院公布了第四批国家级非物质文化遗产代表性项目名录[①]。按照《中华人民共和国非物质文化遗产法》

───────────

① 从第四批开始，"国家级非物质文化遗产名录"名称改为"国家级非物质文化遗产代表性项目名录"。

（2011 年）的规定，将"国家级非物质文化遗产名录"改为"国家级非物质文化遗产代表性项目名录"。第四批"国家级名录"共有 464 个项目，包括 166 个新增项目和 298 个扩展项目。截至 2019 年 9 月，我国共产生了四批次 1372 个国家级非物质文化遗产代表性项目，共 3154 个子项。

根据与以往三批次的"国家级非遗名录"对比，发现第四批非遗名录数量有所下降。这是出于对"代表性项目"的数量和质量的更高要求，在申报初期就进行了条件限制。在《文化部关于推荐申报第四批国家级非物质文化遗产代表性项目有关事项的通知》（2013 年 9 月）中要求：各地"参照前三批国家级非物质文化遗产代表性项目申报数量与入选比例每省（自治区、直辖市）推荐申报项目数量不多于 30 项"，同时结合《非遗法》，列出了多项需要符合推荐的申报条件。考虑"名录体系"的建设，要求以"已列入省级非物质文化遗产代表性项目名录的非物质文化遗产项目"为首，符合其他条件为次。

另外需要符合的条件中，对比"第三批非遗名录"的申报要求，本次将"具有鲜明特色，在当地有重大影响"移至"在一定群体中或地域范围内世代传承、活态存在"之上。在推荐申报非遗项目的偏重上产生了变化，对地域特色性和文化影响力提出了更高要求。

"第四批非遗名录"的公布无论是在时间还是在数量都比前几批有所减缓和减量，呈现了下降趋势。原因无疑有二：一是基于前三批名录的申报，已经发掘、确定了上千项的国家级名录项目，各省市的非遗资源和重点项目逐渐被理清；第二，在数量庞大，频率极高的抢救、挖掘非遗资源阶段过后，剩下再申报的项目必须优中取精。这需要更深发掘、更仔细研究、详细确认，项目达到申报、评审的难度更高。

我国在构建名录体系的过程中，不断完善申报工作的方式方法，逐渐找到了发展规律和周期，愈发形成了合理有效的工作方式和模式。比如第四批名录申报工作开始采用网上报名的方式，更高效、直接、便捷。

在 2019 年 6 月，文化和旅游部在近五年后，下发《文化和旅游部关于推荐申报第五批国家级非物质文化遗产代表性项目的通知》，宣布启动"第五批名录"申报工作。对于前几批次的周期来说，时间明显放缓。

与以往不同的是，《通知》对推荐及申报工作的性质作了说明，指出：做好国家级非遗代表性项目申报工作具有基础性作用，事关非遗保护事业长远发展。

2. 传承更趋以人为本

我国于 2007 年、2008 年、2009 年、2012 年公布了四批共 1986 人的国家级非物质文化遗产代表性项目代表性传承人名录，建立、形成了自主的非遗传承人保护体系。第五批"传承人名录"于 2015 年 10 月开展申报工作，2018 年 5 月公布，共 1082 人，80 岁以上的 107 人，平均年龄 63 岁。

五批次国家级非物质文化遗产代表性项目代表性传承人共

3068 人，第五批"传承人名录"与第四批的公布时间相隔 6 年，并且人次数量空前。分析原因如下：一是除了公布名录，建立传承人保护体系需要时间和实践的验证；二是新时期下的非遗保护，需要的是充分考量和详细考察，更加细致、针对性强，有的放矢地实施保护；三是传承人老龄化问题不容忽视。

此批传承人认定偏重了三个方面："一是（考虑）国务院新公布的第四批国家级代表性项目；二是前三批中无国家级代表性传承人的项目；三是现有国家级代表性传承人已去世的项目。"[①]

对应"传承人"的管理办法，2008 年文化部出台了《国家级非物质文化遗产项目代表性传承人认定与管理暂行办法》，规定了对国家级非物质文化遗产代表性传承人进行认定、管理和扶持。11 年后，经历了保护体系的建立、传承人传承的落地化实践，2019 年，文化和旅游部将其进行了完善，形成了《国家级非物质文化遗产代表性传承人认定与管理办法（征求意见稿）》（2019 年 8 月），向社会广泛征求意见后，正式法规将在未来施行。

"2019 版保护方法意见稿"有几项变更。首先，新版"管理办法"中将"2008 年版暂行办法"中的 18 条修订为 26 条，删去了"暂行"提法。其次，例如传承人"认定工作开展周期"进行了固定的规定，做出了"每四年开展一批国家级非物质文化遗产代表性传承人认定工作"的明确要求。强化了传承人审定流程，

---

① 罗微、张勃倩：《2018 年度非物质文化遗产保护、发展、研究报告》，中国非物质文化遗产网，2019 年 6 月。

增加了传承人现场答辩环节。对传承人／传承单位履职尽责方面，增加了原则性的要求，比如"签订传习协议"，每年的传习情况会被评估，与第二年的传承人资格挂钩，等等。

同时，各级政府的管理责任增加，补充增强查实、评估、监督等一系列方法措施。本次修改，如《国家级非物质文化遗产代表性传承人认定与管理办法（征求意见稿）》所言，"是对国家级非物质文化遗产代表性传承人的认定和管理的遗漏处的全面补强，更是彰显出国家对非遗传承和保护越来越多的关注和支持"①。

随着不断发展和对非遗保护的验证，我国的"传承人名录"将不再是准入制，根据对传承人责权利的规定，传承人履职传承必须"工作考核"，并增加了退出机制。对无法避免的传承人老龄化问题，增加了针对传承人无法履职和去世等情况的细则，及地方文化部门对应的管理、处理制度。

多举并行细化落实

作为世界上首批开展非遗保护的国家，我国可参照的对象甚少。通过多年自主性的非遗保护实践工作，自主积累了许多有益

① 《文化和旅游部办公厅关于〈国家级非物质文化遗产代表性传承人认定与管理办法（征求意见稿）〉公开征求意见的公告》，文化和旅游部网站，2019 年 8 月 28 日。

经验。近年来推出了许多适应当下快速发展环境的创新举措。

为了推动非遗保护事业加强保护成效，我国很早已设立了国家非物质文化遗产保护专项资金。2006年文化部、财政部出台了《国家非物质文化遗产保护专项资金管理暂行办法》。《非遗法》实施后，2012年完善并正式出台了《国家非物质文化遗产保护专项资金管理办法》。2018年，文化和旅游部、财政部对《国家非物质文化遗产保护专项资金管理办法》进行了相关事项补充说明，进一步规范了专项资金管理。一直以来，中央财政大力支持非遗保护工作，从《非遗法》2011年实施，至2019年已累计投入70亿元。以传承人的传习补助说明，2008年开始，中央财政对国家级代表性传承人每人每年提供8000元传习补助。2011年开始，提高到10000元。2016年，再次提高补助金额，国家级代表性传承人传习补助从每年1万元调整到2万元。

近年来围绕着加强传承人队伍建设、非遗人才教育培养实施了许多举措。文化和旅游部非物质文化遗产司副司长胡雁介绍："'中国非遗传承人群研修培训计划'自2015年启动以来，累计举办培训班701期，培训学员2.92万人次，加上延伸培训覆盖传承人群达到9.89万人次。"①2015年开始，文化部实施中国非遗传承人群研修培训计划，选取在非遗中覆盖面最广、有助带动就业的传统工艺类项目为突破口，委托高校等单位组织研修和培训，这是以提高传承人及从业人群传承能

---

① 《文化和旅游部：我国为非遗保护投入超70亿》，新华网，2019年10月20日。

力，加强文化理论修养等一系列所需所备素质量身打造的培训课程，将为传承人提供无形的资源，带来发展性的利好。在拓展传承方面，无论是文化部门组织还是民众自发开展，"非遗进校园"在全国各地各级学校遍地开花。属于"戏曲""民间工艺""曲艺"等类别的非遗项目进入大中小学校园，为同学们普及了传统文化知识，培养了非遗的小小"传承人"。这项举措产生了积极的推广效果，受到广泛欢迎。同学们提高了对非遗的兴趣，也打造了非遗传承良好的社会基础。

各项保护方式的丰富是政策不断完善和落实的体现。近年来，非遗保护的各项法规、项目计划不断出台和推出，使非遗保护制度体系不断坚固，保护成效越发到位。除了前文梳理过的"传承人保护方法"等政策不断更新，2019 年 3 月《国家级文化生态保护区管理办法》开始实施。目前，文化和旅游部已设立了 21 个国家级文化生态保护（实验）区，各省（区、市）设立了 146 个特色鲜明的省级文化生态保护区。办法的出台，将促进"非遗生态区"的管理，进一步加强非遗资源的整合，形成开放性保护非遗生态环境。①

----

① 进展：文化和旅游部于 2019 年 12 月公布了《关于公示国家级文化生态保护区建议名单的公告》。徽州文化生态保护实验区等七个文化生态保护实验区列为国家级文化生态保护区。

非物质文化遗产保护的中国实践

第三章

前文说过，我国于 2000 年筹备申报联合国的"人类口头和非物质遗产代表作"项目，2001 年昆曲顺利列入第一批联合国"人类口头和非物质遗产代表作"。这项代表国家的优秀传统文化列入世界级人类优秀传统文化（当时非遗的概念并不完善）范围，给予了拥有丰富文化传统的我国鼓励和信心，促使了我国政府对非遗工作的全面部署和重视。

而后，联合国教科文组织对"人类口头和非物质遗产"的概念进行了整合，对未来的工作方向进行了规划，于 2003 年 10 月的第 32 届全体大会上通过了《保护非物质文化遗产公约》，正式推出了"非物质文化遗产"。2003 年 11 月，我国 3000 多年历史的古琴艺术继昆曲后被列入联合国第二批"人类口头和非物质遗产代表作"，中国传统艺术再一次在国际上被认可和关注。

21 世纪初，我国政府结合国家战略发展，率先履行《公约》义务，实施了一系列保护计划和工作，开创和建立了具有中国特色的保护方式和保护体系。从 2000 年筹备、申报非遗项目，2004 年批准《保护非物质文化遗产公约》，到 2011 年实施《中华人民共和国非物质文化遗产法》。我国非遗保护工作有条不紊、持续推进。多年以来，我国非遗保护实践工作在国际上做出了表率，使民众对文化自信提高了认识和主观能动性。

可以说，我国走出了具有中国特色的非遗保护实践道路，其主要成果和成绩如下：1. 在全国范围内全面普查非遗资源，对我国的非物质文化遗产数量、种类、项目及其历史、发展、传承谱系、传承人等情况进行了详细查访，掌握了我国现存有的非遗情况，摸清了自己的家底；2. 通过逐级申报、认定，建立起了国家—省—市—县级四级非遗名录体系；3. 申报、认定、公布了传承人名录，并建立起了传承人保护制度；4. 自主设立国家级文化生态保护区；5. 摸索出了整体性保护、生产性保护、抢救性保护等适用不同类别非遗的自主性保护方式；6. 2011 年公布《非遗法》，推进了非遗保护的法制化。

下面针对具有中国特色的非物质文化遗产保护方式进行详细梳理和分析。

非物质文化遗产保护制度的建设

"非遗名录"保护体系的建立

我们首先确定和对比一下国际和我国对非物质文化遗产的分类：

联合国教科文组织在《保护非物质文化遗产公约》中对非物质文化遗产有以下分类："口头传统和表现形式，包括作为非物质文化遗产媒介的语言；表演艺术；社会实践、仪式、节庆活动；有关自然界和宇宙的知识和实践；传统手工艺。"作为国际范本的非遗类别，虽然一共五大类，但每类的表述较复杂，不容易理解和把握。我国《非物质文化遗产保护法》中这样规定："本法所称非物质文化遗产，是指各族人民世代相传并视为其文化遗产组成部分的各种传统文化表现形式，以及与传统文化表现形式相关的实物和场所。包括如下：一、传统口头文学以及作为其载体的语言；二、传统美术、书法、音乐、舞蹈、戏剧、曲艺和杂技；三、传统技艺、医药和历法；四、传统礼仪、节庆等民俗；五、传统体育和游艺；六、其他非物质文化遗产。"以上可以看出，我国进行了本土化的转化和变通，使非遗的分类更加详细，保护工作更加便于开展操作。遗憾的是，有关自然界和民间人文的知识和实践的非遗类别，比如传统医学、语言等在分类中有所缺失。

关于名录的意义，《公约》中如此表述："'保护'指采取措施，确保非物质文化遗产的生命力，包括这种遗产各个方面的确认、立档、研究、保存、保护、宣传、弘扬、承传（主要通过正规和非正规教育）和振兴的义务。"对于名录的建立，则来源于《公约》中："为了使其领土上的非物质文化遗产得到确认以便加以保护，各缔约国应根据自己的国情拟定一份或数份关于这类遗产的清单，并应定期加以更新。"

我国的名录体系建立于 2005 年 3 月，国务院办公厅发布《关于加强我国非物质文化遗产保护工作的意见》后。2005 年 7 月，文化部下发《关于申报第一批国家级非物质文化遗产代表作的通知》，经过了对政策文件的理解、执行，各地的申报、专家评审和论证，并综合各方面意见，2006 年 5 月由国务院公布了第一批"国家级非物质文化遗产名录"。第一批名录共向社会公布 518 项非遗，打响了中国非遗名录保护的第一炮。

国家级非物质文化遗产名录的类别分为十类，分别是：民间文学、民间音乐、民间舞蹈、传统戏剧、曲艺、杂技与竞技、民间美术、传统手工技艺、传统医药、民俗。2008 年开始，国务院公布国家级项目名录时，将其中有些门类的命名方式进行了调整。民间音乐调整为传统音乐，民间舞蹈调整为传统舞蹈，杂技与竞技调整为传统体育、游艺与杂技，民间美术调整为传统美术，传统手工技艺调整为传统技艺。针对这五项的调整，可以看出名词界定中从民间至传统的过渡。从名词代表的范畴来讲，民间不包含宫廷部分，或者说优秀传统文化中金字塔尖部分。所以从界定上来说，"民间"并不准确。厘清了概念后，"传统"的定义可以包含这部分，覆盖了原来"民间"称谓的使用。

项目情况分布上，"第一批国家级名录"项目前三大类分别是：传统戏剧，传统手工技艺和民间音乐。后三类分别是民间文学，杂技与竞技，传统医药。"第二批国家级非物质文化遗产名录"于2008年公布，前三名分别是：传统技艺，传统音乐，传统舞蹈。后三名为：传统体育、游艺与杂技，传统戏剧和传统医药。2011年，"第三批国家级非物质文化遗产名录"公布，类别排名第一位是民间文学，第二位是传统技艺，第三位是民俗。排名后三位的为：传统美术，传统舞蹈，传统医药。

2011年民间文学类项目数量有所增长。由前两批次的排名靠后跃升为项目总数最多的第一位。说明在专家学者的专业评审中，考虑到了人类口头非遗对于普罗大众精神世界的影响。民间文学类非遗发展式微的态势早已是急需关注的对象，"名录"对非物质文化遗产项目的各类保护和发展进行了平衡。第四批"国家级非物质文化遗产代表性项目名录"2014年公布，排名前三名的三大类分别是民间文学，传统技艺，传统舞蹈。后三名分别是传统体育、游艺与杂技，传统戏剧和传统医药。

四批次国家级非物质文化遗产代表性项目名录共包含了1372个非遗项目，综合所有情况来看，发现国家级非遗项目中，入选数量最多的是传统技艺类，有241项，最少的是传统医药类，只有23项。项目总体分布如下：第一名，传统技艺，241项；第二名，传统音乐，170项；第三名，传统戏剧，162项；第四名，民俗，159项；第五名，民间文学，155项；第六名，传统舞蹈，131项；第七名，曲艺，127项；第八名，传统美术，122项；第九名，传统体育、游艺与杂技，82项；第十名，传统医药，23项。

以上数据显现，传统技艺占据榜首。究其原因，是其与日常生活息息相关，如国家级非遗项目：五芳斋粽子制作技艺、汝瓷烧制技艺、中式服装制作技艺、四合院传统营造技艺等，无不和老百姓的吃穿用联系紧密。"实用"非遗组成了民众的日常生活，所以能够随时间的流逝屹立不倒。这也从侧面反映出非遗的存在、传承、发展离不开百姓的生活和需要，非遗不能脱离民众的选择。只有真正存在于民众的生活中，外在衣食住行，内在精神思想，非遗才能以"活态"生命传承发展。

"传承人名录"的确立

非物质文化遗产有着活态流变的特性，其在传承中是以世代相传、口传心授的方式进行传授和学习。非遗传承人就是传承载体，在一代代人对非遗的继承、掌握、使用、创新中，对非遗进行完善、流传，人在其中起到了至关重要的作用，每个个体本身的知识积累、技能掌握、艺术修养不同，对非遗的理解和传承中会造成不同的效果、产生不同的影响，这种无法准确预测结果的方式促使非遗在活态传承中产生不同的变化，这也是非遗传承的价值之一。这种方式也有缺点，人的生命毕竟有限，每个个体作为非遗载体的时间也只是几十年上百年，非遗传承人的生老病死和高龄化，造成了非遗"人在艺在""人亡艺亡"的局面，所以非遗的保护，保护其传承人就是关键。

我国对非物质文化遗产保护中已经意识到对传承人保护的重要性，在非遗保护的机制体制中，对传承人事项已经单独列出，在全国范围内对传承人进行确定、考量和有的放矢地保护。如我国公布的"国家级非物质文化遗产项目代表性传承人名单"就是重点。从 2007 年开始，文化部公布了"第一批国家级非物质文化遗产项目代表性传承人名单"，含有民间文学，民间美术，杂技与竞技，传统手工技艺，传统医药五大类共 226 名国家级非物质文化遗产项目代表性传承人。又在 2008 年、2009 年、2012 年、2018 年公布了四批的"国家级非物质文化遗产代表性项目代表性传承人"，五批共 3068 人。

我国"传承人名录"是根据联合国教科文组织对非遗保护的官方文件《关于建立"人类活珍宝"制度的指导性意见》为基础进行设立。《关于建立"人类活珍宝"制度的指导性意见》中指出，"在指定某人或团体为'人类活珍宝'时，委员会应当考虑下列尺度：所持技艺的程度；此人或团体的贡献；发展技艺和技术的能力；将技艺和技术传给徒弟的能力"。2008年，我国由文化部发布的《国家级非物质文化遗产项目代表性传承人认定与管理暂行办法》，对我国代表性传承人的认定有如下说明：指经国务院文化行政部门认定的，承担国家级非物质文化遗产名录项目传承保护责任，具有公认的代表性、权威性和影响力的人。2011年，我国颁布的《中华人民共和国非物质文化遗产法》中规定了传承人必须具备如下条件：1. 掌握并承续某项国家级非物质文化遗产；2. 在一定区域内被认为具有代表性和影响力；3. 积极开展传承活动，培养后继人才。也就是说，我国对非遗的国家级代表性传承人的评定，方式是基于联合国教科文组织的指导性文件，出台了适合于我国的法律法规。经由各地申报，专家、学者评定，社会公开公示等流程而最终成型推出。

进一步进行说明和研究的话，非遗的国家级代表性传承人必须具备：掌握并承续某项国家级非物质文化遗产；在一定区域内被认为具有代表性和影响力；积极开展传承活动，培养后继人才这三种条件和素质。

但是第二条中被公认为具有代表性和影响力的界定不好把握，会在实际操作中产生问题和矛盾。在我国传统的社会中，因为非遗是为了满足老百姓需要，具有的群体基础而发展起来，非遗就存在生活之中。而对于掌握的人来说，很多是作为职业而传承下来，一生只干这一行，并且代代传承，所以技艺精湛，并拥有自己独特的秘诀。例如传统手工艺、传统医药等。在传统社会的市场竞争中少有一家独大的现象，大多数打出了具有自己的特点和智慧的非物质文化遗产"品牌"，也就是"字号"。一般会产生同类型的非遗同时存在、互相竞争、各有特点、优胜劣汰的情况。那么现代社会中，某项非遗的代表性传承人是否具有代表性，在评定中就会产生问题，比如不容易界定、和现实有出入、容易引起争论等操作难度。如果一些在所在区域不能被认为具有代表性的传承人当评，就会在当地产生争议，甚至会造成非遗传播的负面影响。

我国的传承人评定，首先要由当地政府向上级申报。那么如何操作申报，怎样进行选拔，出于何种考虑，是否可以公开化和大众参与，将是非遗保护机制需要完善和探讨的问题。除此以外，对于"传承人掌握和承续某项非遗"也需要进一步的要求和把控，被申报的传承人是如何掌握的这项非遗，是否真的具有掌握非遗的能力和水平，除了文字材料，作品材料、视频材料的提供、存档也十分必要。甄别遴选严把关才是对非遗传承人的保障基础，也是给民众保护非遗的基础。

从传承人的传承体系中看，首先传承人不代表个体，而是上承下传，是传承人和传承人之间的关系。看似是一个人，其实是一个支系，是一脉人。我国对传承人保护的方式和途径有以下几种：

1. 身份保护。无论是国家级还是省市级所公布的传承人名单，都是一种代表国家或地区政府的认可，是社会地位的象征。对于现代从事非遗的很多传承人群来说，他们经历了社会经济急速发展的转型时期，走过了对传统文化、传统技艺忽略的年代，重新捡起非遗行当加入传承队伍，需要的是大众的认可和鼓励。能够进入传承人名单，不仅代表着荣誉，也代表着所承托的非遗技艺水平高超，所以，我国对传承人名单公布的举措，能够给传承人带来名誉，也能够带来除了金钱物质外更大的无形的利益。随着传承人名气的增长，所受到的尊重和社会地位也会增长，未来的非遗传承工作更顺利。

2. 资金保护。非物质文化遗产在实际生活中的保护效果要通过传承人的实践去展现。随着经济社会和物质时代的到来，传统文化培育非遗的土壤逐渐缺失，传承人的生活条件也不容乐观。许多传承人纷纷转行，在以家族形式传承的情况中，后代都逐渐放弃以非遗谋生。社会上想接触、学习非遗手艺，拜师和入行的人群更是稀缺。要促进传承，就需要保证传承人的活跃度。国家为解决传承人从事传承的困难和后顾之忧，使他们能够全力扑在非遗的传播、传承上，从 2008 年开始，中央财政对国家级代表性传承人开展传习活动予以补助，补助标准为每人每年 8000 元，2011 年补助标准提高至 1 万元，2016 年提高至 2 万元。这个补助用于传承人更好地开展传承活动，是保护非遗的一项有力举措。

3. 资源保护。传承人一旦进入名单和序列，会有无形的巨大的资源保障。名单将增加传承人的名气和地位，对于收、带徒弟，传习非遗都有相当的便利和好处。比如许多非遗传承人被学校聘为教师，在学校教授学生。传承人有机会参加社会上举办的各种非遗活动，比如采访、讲座等宣传非遗文化的公益工作。对于传承人的个人成长和发展来说，是长效有益的机制。

综上所述，非遗传承人名单的公布只是保护非遗传承人的第一步，其中所蕴含的隐形的保护方式有许多，通过为传承人不断地创造条件，比如学习提高、补贴传习等方式，使非遗的传承有序、有效地进行。笔者认为，未来国家应对传承人进行立档保护，利用现代的高科技方法对他们个人情况和非遗技艺进行全面立体的采集、建立个体的传承人档案。这样能解决一部分传承人的老龄化、技艺后继无人等问题。建立传承人档案不是将之束之高阁，还需要针对传承人进行跟踪联系，给予传承工作的指导和帮助，使我国的保护传承人机制长时间真正地发挥作用，为未来非遗发展打基础做准备。

国家级生态保护区的设立

保护民族民间文化行动在我国开展了多年，对区域性民族民间文化的关注，从 20 世纪 80 年代开始，文化部命名"民族文化之乡"和"特色艺术之乡"，确立了一大批具有民族特色和地域文化水平的地区，促进了当地的文化发展和民间文化保护。中国民间文艺家协会开展的中国民间文艺之乡命名工作，现在仍没停止步伐，为民间文化的地域性保护发展做出了贡献。

这些工作为"国家级文化生态保护区"进行了实际探索，打下了可行性的基础。21 世纪初，非物质文化遗产保护的本土化改造逐渐产生成效，开创了具有我国特色的保护举措，生态保护区的设立就是其一。国家级文化生态保护区的意义在于，设立一个能够保护地区原汁原味文化的特色区域。此举既利于非遗的保护保存，也进一步发展了当地经济、建设和保护非遗的能力，为非遗的活态传承创造了条件，带动了整个地区的文化发展。

　　"从 2007 年开始，我国已建立 21 个文化生态保护实验区，涉及 17 个省（直辖市、自治区），保护区内的主要聚居民族有汉族、藏族、土族、回族、撒拉族、羌族、土家族、苗族、白族、壮族等 23 个。同时，参照国家级文化生态保护实验区的做法，各省（区、市）也设立了 140 多个省级文化生态保护区。"① 国家级文化生态保护区的设立影响深远，惠及了千万百姓的生活和收益。不仅有利于非遗文化的保护、传承，还将乡村振兴、少数民族发展等命题结合起来带动发展，这样一来，非遗不是存于博物馆和书本之中，而是存活于民众的生活之中，切实地进行活态保护。保护区还通过打造传承基地，开发手工艺制作等方式，给当地民众增加了就业机会和从事非遗工作的机会，并充分利用传统建筑、传统区域，结合传统的生活方式，为当地濒临灭绝的非遗，如少数民族语言、习俗等提供了文化空间。保护区的设立潜移默化地加强了民众文化自觉、文化自信，实现了非遗的民众共享。

---

　　① 陈华文：《文化生态保护区：非遗保护的中国实践》，《光明日报》，2018 年 6 月 2 日。

文化和旅游部于 2019 年 3 月正式实行《国家级文化生态保护区管理办法》，对设立文化生态保护区提供了制度上的保障，非遗区域性的整体保护有了依据。截至 2018 年底，我国已批准建设了 21 个国家级文化生态保护实验区和 146 个省级文化生态保护区。《办法》中规定：建设国家级文化生态保护区，要坚持保护优先、整体保护、见人见物见生活的理念，以"遗产丰富、氛围浓厚、特色鲜明、民众受益"为目标，将非遗及其得以孕育、滋养的人文环境加以整体性保护。

　　"文化生态保护区"① 制度是在我国多年的非遗保护基础上摸索出来的，能够体现我国人民智慧和文明的非遗保护举措。《办法》的出台，将进一步拓展"文化生态保护区"的建设和发展，也会为非遗的整体性保护带来长久的效果。

---

　　① 2019 年 12 月，文化和旅游部发布《关于公布国家级文化生态保护区名单的通知》，正式公布了包括闽南文化生态保护区等 7 个保护区为国家级文化生态保护区。

非物质文化遗产保护举措的实施

非物质文化遗产的法制保护

2011年2月25日，十一届全国人大常委会第十九次会议表决通过了《中华人民共和国非物质文化遗产法》，2011年6月1日，《中华人民共和国非物质文化遗产法》（以下简称《非遗法》）正式施行，这标志着我国的非物质文化遗产保护工作达到了新的高度，全面进入依法保护的轨道。

1."非遗"立法保护的必要性和现实问题

我国的《非物质文化遗产法》，是继《文物保护法》施行30年之后，文化领域的又一项重要立法，对"非遗"保护工作有着里程碑的意义。这说明我国对传统文化的保护不仅立足于"实物实体"注重物质文化，也注重"精神文明"——非物质文化。保护文化遗产是全面认识中华民族传统文化的体现，注重非遗保护更是一种观念的进步，体现出国家对文化发展、繁荣的高度要求下，对于中华民族的优秀传统文化的重视、恢复、发展。

《非物质文化遗产法》的属性为行政法，主要是确定政府和行政部门的职责义务，立法目的开宗明义："为了继承和弘扬中华民族优秀传统文化，促进社会主义精神文明建设，加强非物质文化遗产保护、保存工作"，其中强调了"继承和弘扬中华民族优秀传统文化"，原因在于：保护优秀传统文化就意味着保护国家文化主权。在城市现代化、全球一体化的当今，接触、接受、吸收各类、各种文化变得容易和便捷，这种现象的另一面则体现出本民族文化地位的削弱和各民族间文化界限的模糊。在西方国家经济地位突出的现当代历史中，西方文化也在自觉或不自觉成为全球的主流文化。文化之间的交流应是对双方有益的，推动发展促进文明。如外来文化太强势，不仅不利于本土文化的发展传承，也不利于全球文化的多样性。在历史进程中吸收外来文化也是不可避免的，取其精华去其糟粕应该是最基本的辨别，若一味地文化移植、复制，只会伤害自身本土文化，影响优秀传统文化的发展。保护过去的意义是为了明天更好地发展，重视发展民族、民间文化则是保护本国文化的根基。《非遗法》的普及过程中具有的宣传、带动作用本就是一种保护，可以矫正现实中存在着对于传统的忽视、轻视甚至误读的问题。现代社会模式中，人们的生产、生活方式也发生着变化，部分传统文化不再被需要，而被边缘化或先入为主地认为"旧"等于"落后"，造成这种认识上的错层主要有两个原因，一是对"传统文化"只知其然不知其所以然。二是想接触却无从接触，没有正确的了解渠道。比如重对"七夕节"的热捧，赋予了它"中国情人节"的意义，但曲解了它的本义也忽略了民俗。另外，急速的变迁导致产生于农耕文明的非物质文化遗产整体衰微，比如民间工艺的遭遇：《全国工艺美术行业调查报告》（2008）透露，在全部 1865 个工艺美术品种中，生存困难的536 个，占 28.74%；濒危的 253 个，占 13.57%；停产的 117 个，占 6.72%。传承人作为"非遗"保护的"活化石"，现实情况也不容乐观：《中国非物质文化遗产保护发展报告》（2011）显示，民间文学类国家级非物质文化遗产项目代表性传承人人均年龄超过 70岁。由此可见，"老"传统与"新"社会的不对接、传承人老龄化和工艺后继乏人是"非遗"遭遇的真实困境。我们必须意识到保护、弘扬传统文化必须加速才能避免其消亡。

2. 正确运用《非遗法》 科学保护非物质文化遗产

非物质文化遗产与物质文化遗产的共同点是文化遗产，重点在于保护，非物质文化遗产保护的难度则更大，因为它是无形的、不可再生的、活态流变的。根据我国在"保护非物质文化遗产指导意见"中制定的方针"保护为主，抢救第一，合理利用，传承发展"，保护是开展非物质文化遗产工作的第一要务。

《中华人民共和国非物质文化遗产法》是本着联合国教科文组织《保护非物质文化遗产公约》精神，参照其他国家对"非遗"的法律保护经验，结合我国在保护工作中的实际需要修订。除了详细规定了"非物质文化遗产的调查""代表性名录的申报"等，也有不同于以往的保护要求，于此进行归类及分析。

保存和保护两者兼存："国家对非物质文化遗产采取认定、记录、建档等措施予以保存，对体现中华民族优秀传统文化，具有历史、文学、艺术、科学价值的非物质文化遗产采取传承、传播等措施予以保护。"（第三条）其中，"保存"被提升为和"保护"并列作为国家进行非物质文化遗产的工作的指导方针。如果按以往的要求，保存应该是保护工作中的一种方式，保存的提升会造成现实运用中的困惑。如果结合《非遗法》的立法原则理解——"继承和弘扬中华民族优秀传统文化"，其中"优秀传统文化"是保护的范围，但中华民族传统文化并不等于中华民族优秀传统文化。传统文化是几千年文明的积淀，但漫长的历史中这些产生于"农耕时代"的文明，在工业化、现代化发展当今，一些已经失去了存在的土壤，比如部分"民间信仰""民俗事项"包含有迷信成分，但它们也是中华民族文明历史，不能"粗暴"否定，对这类传统文化的保护方式应为保存，用文字、影像或数字化记录下来，为子孙后代留下宝贵的资源。总体看来，中华民族传统文化采用整体保存的方式，优秀传统文化则除了保存以外进行再保护，延续生命力使其永远流传下去。

保护是国家行为：强化了"非遗"保护工作的参与度（参见第八、九、十条），"国家鼓励和支持公民、法人和其他组织参与非物质文化遗产保护工作"（第九条）。非物质文化遗产产生于民众之中，也应该回到民众生活中"活态"保护，继而发展。非物质文化遗产保护工作政府主导是基本保障，指归是民众自觉、自发的认可和参与，"非遗"才能持久和富有生命力。法人和其他组织参与"非遗"保护工作既是许可也是鼓励，无论是经济力量及人才的投入，还是民间力量的介入都可以帮助加大非遗保护工作的影响力，活跃公众参与的保护氛围。

这种"鼓励和支持"体现在："国家鼓励开展与非物质文化遗产有关的科学技术研究和非物质文化遗产保护、保存方法研究，鼓励开展非物质文化遗产的记录和非物质文化遗产代表性项目的整理、出版活动。"（第三十三条）"国家鼓励和支持公民、法人和其他组织依法设立非物质文化遗产展示场所、展示和传承非物质文化遗产代表性项目。"（第三十六条）"合理性利用非物质文化遗产代表性项目的予以扶持……依法享受国家规定的税收优惠。"（第三十七条）将其综合可以看出，"有形"类如开展活动、增设场所，"无形"类如调查与研究，整理和出版等工作丰富了民众参与的范围，有利于"非遗"全方位发展，并可避免保护中的"政府热、社会冷"问题。

明确责任提升至法律层面：《非遗法》的通过实施，使"非遗"的保护上升到由国家法律保障的高度。《非遗法》从保护对象、调查、名录、传承传播到法律责任，对"非遗"保护进行了详细的规定，明确了各级政府部门的职责。[①] 另明确了传承人的职责，"（一）开展传承活动，培养后继人才；（二）妥善保存相

---

① 管育鹰：《"非遗"利用是一个难题》，《法制日报》，2011年6月8日。

关实物、资料;（三）配合文化主管部门和其他有关部门进行非物质文化遗产调查;（四）参与非物质文化遗产公益性宣传"（第三十一条）。并规定了不履行义务取消其资格的退出机制。明确了"传承人"的责任和义务，回归了"传承人"作为传统文化"活态"持有者的传承意义，这些举措可使"非遗"保护更加有序，解决了"非遗"申报后的不平衡发展。但笔者认为，退出机制必然是有效的，但建立健康、有效的监督、管理机制对"非遗"保护才最为有利。

3. "非遗"法律保护的实施难度和建议

非物质文化遗产的庞大和繁复使对其的保护具有操作及执行的难度，需要与其他法律进行交接、交叉保护，比如民间文学的保护涉及《著作权法》，民间手工艺的保护涉及《文物法》《传统工艺美术保护条例》，"老字号"的保护涉及《商标法》，有些行为还会涉及《刑法》。其权益保护与知识产权交接最多"从知识产权角度看，传统知识、民间文艺、传统名号，与发明、作品、商标等现代知识产权客体在技术品质和经济品性上具有一定的相似性，如创造性、实用性等，故具有知识产权意义"[①]。

由于"非遗"作为传统文化其属性的特殊，包含于文化且不能清晰划分权利关系，其权利归属也处在模糊状态，这造成了"非遗"法制化保护具有难度的症结所在，为了科学实施《非遗

---

① 严永和:《非物质文化遗产的知识产权保护》，载《法律专家探讨非物质文化遗产的法律保护》，《光明日报》，2010年8月10日。

法》，笔者有如下建议：

注重分层次保护。制定分级、分类的保护、传承和利用方案，赋予、认可"非物质文化遗产"知识产权的权利并加强管理，加强濒危的"非遗"项目保护力度，可以考虑设定"濒危"非遗申报、批准、指导方面的"快速通道"，也可利用"注册制度"加强对"非遗"的优先保护，比如认证手工技艺类"非遗"的身份、认可其品质，使其在市场中避免被"混淆"从而实现真正价值，便于及时有效地开展保护工作。

加大执法力度。科学保护"非遗"是弘扬、复兴中华优秀传统文化的必然，《关于加强国家级非物质文化遗产代表性项目保护管理工作的通知》中明确提出了建立国家级代表性项目保护工作的定期报告制度、督查制度、奖惩制度和"退出机制"，但加强监督管理中的举措除了表彰、奖励、补助等措施，针对现实中"不正当竞争"及"过度利用"的情况，也为了进一步防止"非遗"在不正确保护中的再次损害，应该具有更详尽的处罚及追究措施。

加强培养、教育与人才的注入。《非遗法》关于"教育"的规定略显单薄。非遗纳入相关课程进入校园或鼓励学生参与"非遗"课外活动，作为优秀传统文化教育的一部分，使青少年增加对"非遗"的兴趣并活跃传统文化氛围。这既可培养潜在传承人，也是继承、弘扬传统文化的最佳方式，故应加大力度。另外，专业人才的注入也是十分必要的，吸引人才"就业"参与"非遗"保护，运用专业知识帮助老传统焕发新生机。

非物质文化遗产的生产性保护

非物质文化遗产的"生产性保护"概念在 2006 年被提出，这种保护方式适用于传统技艺、传统美术和传统医药药物炮制等非遗类别。非物质文化遗产生产性保护，是指在保护非物质文化遗产传统技艺的基础上，进行合理的生产、开发，促进传统技艺的传承、利用和发展。开展非物质文化遗产生产性保护，在保护的前提和基础上进行合理利用，可以推动非物质文化遗产更好地融入社会、融入民众、融入生活，并在丰富、滋养当代人的精神生活，推动经济社会协调发展方面发挥重要作用。[①]

近年，传统手工艺运用生产性保护产生了比较好的保护效果，两者结合的方式在社会中使用广泛，此部分将针对传统手工艺的生产性保护给予讨论。

1. 生产性保护背景下的传统手工艺

非物质文化遗产的丰富性，决定了保护方式和保护措施的多样性。在保护工作中，我们逐渐探索出了非物质文化遗产保护的多种方式：非物质文化遗产以项目为主要表现形式，因此在保护工作的前期，以建立项目名录、保护项目为主要工作抓手；非物质文化遗产主要依靠传承人口传心授进行传承，因此把传承人的

---

① 蔡武：《在非物质文化遗产保护工作部际联席会议上的讲话》，文化部网站，2010 年 11 月 25 日。

保护放在关键地位；非物质文化遗产的不可再生性和脆弱性，决定了我们把抢救性保护放在第一位；非物质文化遗产与人民大众生产生活息息相关，因此要尽可能运用生产性保护等积极保护的方式；非物质文化遗产本身的整体性特征，以及与依存的自然生态、人文生态紧密相关，所以应采取整体性保护的方式；非物质文化遗产的不同类别项目有不同的特点和传承规律，所以我们要区别对待，研究实施分类保护措施。[①]

在联合国教科文组织提出的"非遗"保护措施中，除了"记录""存档"的途径之外，"发展和振兴"也是很重要的一种。我国重视并运用到了实践中，这体现在"非遗"的生产性保护。生产性保护适用于传统技艺、传统美术和传统医药药物炮制类领域。这些来源于人民群众的生产、生活实践，也只有回到生产和生活中活态传承下去，完成自我造血，才能得到有效保护和传承。

2. 传统手工技艺适用于生产性保护

传统手工艺在我国有着悠久的历史，是我国的国粹。作为流传数百年甚至上千年的技能，它具有独特的艺术魅力、装饰和实用的性能，丰富的门类和精湛的技艺，充分体现着民族传统文化的艺术精髓。传统手工艺品与人民生活息息相关，既是文化艺术品，又是日常生活用品，其品种繁多，如编织、刺绣、印染、雕刻、雕塑等。

---

① 蔡武：《在非物质文化遗产保护工作部际联席会议上的讲话》，文化部网站，2010 年 11 月 25 日。

传统手工艺在非物质文化遗产中占有很大比重，传统手工艺制品同时具有的物质文化遗产和非物质文化遗产特性更应引起人们对于它保护的重视。近年来，抢救的步伐已加紧，但在大工业时代、科技不断进步的今天，手工制作技艺不可避免地受到了冲击，如何以有效的方式达到保护的平衡就成为当务之急。传统手工技艺在漫长的发展演变中形成了自己的传承规律，它可以转化为生产力，通过市场实现其艺术价值、历史价值。

几年来的保护工作实践证明，对传统手工技艺类的"非遗"项目进行生产性保护已见成效，如上海朵云轩的国家级非物质文化遗产木版水印，既守住了"手工制作特色"——非遗保护的"底线"，又实现了其艺术价值。2011年，朵云轩木版水印首度实现盈利。

"非物质文化遗产生产性保护是最积极、最有效、最有利于非物质文化遗产可持续发展的保护传承方式。"李长春如是说，他还指出："实施非物质文化遗产生产性保护是文化工程，也是惠民工程、德政工程。"①

3. 保护是目的 生产是方式

传统手工艺因为其具有的商品属性适用于"非遗"的生产性保护。作为既有物质生产体现也有精神生产体现的传统手工艺品，其身上承载着中国博大精深的传统文化，蕴含着人与人之间感情

---

① 《李长春参观中国非物质文化遗产生产性保护成果大展》，中国政府网。

的传递，从文化传承的角度上讲，它不是一般的商品，它的文化属性胜于它的商品属性。

非遗生产性保护如何进行，很多专家持有不同意见。在中华文明传承的历史中，手工艺本身就通过在市场中的流通进行传承，在不同时期因为不同的社会环境、审美喜好做着调整，达到不断完善。传统手工艺品是因民众的需要应运而生，应尊重它的传承规律，回到市场，在实践中进行保护，在检验中得到传承。生产性保护对于传统手工艺品来说，通过市场流通运转起来才是长久之计。

必须强调的一点是：传统手工艺的生产性保护并不等于产业化保护。"'保护为主，抢救第一'，首先保护好非物质文化遗产的核心内涵，不能为了经济利益而进行盲目、破坏性开发。在开发中，要把握好度，把握好非物质文化遗产项目的内涵和自身发展规律，在保护的基础上进行合理利用。同时，我们也要清醒地认识到，非物质文化遗产所蕴含的精神价值和文化内涵。"① 文化部在指导意见中已明确了生产性保护注重的原则。面对种类繁多的手工艺门类，生产性保护的实际工作中也应牢记传统手工艺的三个特性：历史悠久、采用天然材料、手工操作。对有条件进行产业化保护的门类进行规模生产，对自身传承困难、保护要求迫切的可以进行小规模的工作室模式保护，支持合理利用但应把握住

---

① 蔡武：《在非物质文化遗产保护工作部际联席会议上的讲话》，文化部网站，2010 年 11 月 25 日。

"度"。笔者以为，保护非物质文化遗产文化意义大于其商业意义，生产性保护只是方式措施之一，保护非物质文化遗产价值才是最终目的。

抢救性保护的重要和必要

2005 年国务院公布《关于加强我国非物质文化遗产保护工作的意见》，确立了非物质文化遗产保护方针："保护为主，抢救第一，合理利用，传承发展"。2011 年《中华人民共和国非物质文化遗产法》施行，再次阐明非物质文化遗产保护要坚持科学发展、认真贯彻非物质文化遗产保护方针。无论是非物质文化遗产早期保护工作，还是非遗立法保护的方向，抢救都是保护非物质文化遗产的第一要务。

事实上，联合国教科文组织 2003 年推出《保护非物质文化遗产公约》既是出于对保护全球文化多样性的考虑，也是基于改变世界各国、各民族特有的非物质文化遗产在本国存在和发展面临着逐渐式微的情况。国际社会许多具有民族历史、文化传统的国家面临相似的窘境，是因为近年来科技化、全球一体化的发展趋势。进入 20 世纪后半叶，由于科技、网络、讯息等技术高速发展，国家和国家、民族和民族之间联系得更紧密。现实生活中，每个个体与社会、与环境、与全人类、与地球的关系也更密切，这是全球化带来的正面的影响。同时，凭借着全球化的流行趋势，西方国家的先进发展经验在20世纪迅速蔓延全世界，随着西方文化的宣传和推广，其价值取向、潮流文化、生产生活方式都在一定程度上影响到各国，甚至决定了年轻一代的成长和选择。如若西方文化逐渐占据主流文化地位，势必会将侵占各国、各民族本土文化的位置。经历了多年的边缘化以后，占据传统位置的非物质文化遗产失去了生存土壤和条件，面临新文化新潮流的攻占，很难再自给自足地传承，更加没有蓬勃发展的势态了。抢救性的保护应运而生。"抢救第一"是开展非物质文化遗产保护工作时要遵守的原则和方针。根据分类保护原则，抢救性保护对自身传承困难、濒临消失的非遗进行及时、必要的保护。"抢救性"保护方式一般体现在：1. 对非物质文化遗产进行普查。通过对实际情况的调查走访，记录、搜集、分类、研究。遵循"忠实记录"的原则采集后，以书面方式进行保存，并为进一步保护做准备。普查以后，摸清楚一个地区的非遗情况和资源，为后续进行申报名录和开展保护打基础。2. 为传承人量身打造的保护方式。抢救性保护对传承人使用时要"以人为本"，通过对非物质文化遗产传承情况的普查，了解非遗传承情况，对急需保护的濒危非遗项目，及传承人和项目传承谱系、传承规律、发展等情况确认清楚。传承人是活的非物质文化遗产，他们自身作为载体承载着非遗的特殊的、秘诀性技艺。保护非遗传承人，就是对非物质文化遗产的抢救性保护。随着越来越多拥有技艺的传承人老龄化的问题，必须加快传承人保护步伐，进一步将其技艺保存和保护下来,将是抢救性保护非遗的重中之重。综上,抢救性保护方法如下。

1. 数字化保护

刘魁立先生对如何搜集、整理民间文学,在 20 世纪 60 年代就提出:要尽可能地记录下手势、语调、现场情况等。也就是说,在半个世纪前,已经有学者针对民间文学保护提出了全方位的记录方法。基于当时的条件,搜集人员手记并转换成文字是比较常规的方式。但文字所传达的信息有限,只能起到保存和提供参考的作用,对复原民间文学现场很有难度,使民间文学保护只能做到留存文本,想要进一步开展研究难度更大。

数字化保护是将珍贵的图文资料进行数字化的采录和保存的方式。随着科技的发展,现在我们已经有了各种各样的数字化的方式和技术手段,例如录音、录像、摄影等,甚至随着将来的发展,还会将电脑模拟、AI 等技术纳入数字化保护中来。数字化保护不仅仅是资料的采集和堆积,而是有自己的方法、手段、模式、格式,需要在多媒体全方位采集以后进行编录、整理、剪辑,完成数字化格式的转换,进入到资料库中。因为其全面、立体、直观的属性,适用于非物质文化遗产的大部分门类,比如民间文学、传统工艺、传统音乐、传统舞蹈等,对技艺展示、所在环境、传承要求等情况进行全面的记录和保存,对于现代社会而言,不失为一种适应时代进步的保护方式。

2. 口述史保护

近年来，作为历史学分支学科的口述史学在非遗保护中发挥了重要作用。这是由于口述史的研究成果直观、鲜明的特点与当下快节奏的时代步伐相契合。我们知道，传统历史学研究者是以已有的文献资料、古遗留物、遗迹古迹等作为依据进行勘察、比照、研究。从内容来说，记录着重要文字的、被记录下来的文献资料，更倾向当时政治和文化的因素，基本是精英阶层和上层社会视角的遗留物，他们有权利、有条件、有资源进行"作品"的记录和"创作"。其记录对象，也不是生活中的普罗大众和一般百姓，更多的是"贵族"，记录内容则是这个阶层群体的人生和历史。所以，后人能够看到的史料更多的是一种被达成共识的产物。另外，文献资料的文字是书面语，写作者的人称、身份和角度是个人化的，甚至是流程化的。以叙述为主的文字表述方式传达的信息也很有限，难以给读者和研究者人性化的感受和可想象的空间。文献记录更少有出于记载技术目的，主要实现于作为指南、教材等功能，所以现代鲜有可操作化的可以按照文本重现技术的例子。

我们现在讨论的口述史学是一种进步的新型时代化的口述史研究方法。现代口述历史研究出现于20世纪30—40年代的美国，创始人是A.内文斯。他认为口述历史是切实可行的历史学研究方法，1938年他的《通往历史之路》问世，1948年他开始着手口述历史的学术研究项目。口述史学发展的近100年中取得了很大的进步，在理论基础和方法论方面有了大幅度提高，研究者和研究范畴也不断增加和扩大，被引入了例如文学、人类学、社会学、艺术学等学科的研究中。20 世纪 80 年代，我国开始引入口述史的概念，并在近年来获得了各个学科的关注和利用。

以口述历史为方式的通俗化研究是一种思想的转换和变革。首先，口述历史的研究以被访问者的亲身经历入手，充满着被访问对象的个人体验，"我"尤为重要。其次，口述史是"人民的历史"，不局限于特定人群的话语权，所关注的被访问者可以是任何一个人。强调的是以个人的口述历史叙述构建整体的历史结构，其出现体现出了普通民众视角和身份的重大价值。

我国大量的非物质文化遗产宝贵资源中很多在当下已经消失或者面临消失，改变它们濒危的局势，将它们保存和保护下来，是保护非遗第一要考量的事情。随着非物质文化遗产保护工作的大力推广和普遍开展，口述史的研究方法在非遗保护中得到了采用。像存在于民间的非物质文化遗产一样，口述史学是"雅俗共赏"的，它不分阶级、民族、语言、性别。人人都是非物质文化遗产主人，运用口述的方式，谁都可以讲述和分享。通过对传承人采用口述史的保护方式，可采取如下步骤：进行收集传承人资料、访谈口述实操、在访谈互动中进一步获得有价值的信息、资料补充整理、进行研究、取得成果……如此一来，可以及时地将濒危非遗保护起来，为接下来的传承、弘扬打下基础。

口述史以个人回忆的方式再现真实的历史场景和情景，被称为"可观赏的历史"。非遗传承人在口述史的叙述过程中是一种经验分享，也是一种技艺教授。从非物质文化遗产概念产生的角度说，传承人对技艺的心得、感受也是一种非物质文化，涉及个人经验和技巧所得到的秘诀是非遗中最珍贵的地方。传承人对技艺的掌握存于大脑里，他们本身就是无形的巨大的非物质文化资源库。艺在人在的传承方式，也会造成人亡艺绝的被动局面。所以，非遗的载体就是传承人，保护传承人就是抓住了保护非遗的重点。

虽然运用口述史对传承人进行保护是近年来的新尝试，但正逐渐取代其他方式占据主要地位。主要原因如下：

以人为本，保护及时

非物质文化遗产的生命是活态的，而个人的生命是有限的，传承就是重中之重。因为时代和环境的变迁，非遗的传承人在不断地减少，甚至许多非遗种类面临后继无人的局面。现有的非遗传承人随着时间的变迁，老龄化的问题越来越严重。传承人老龄化已经是近年来学界所关注的问题焦点，如果不进行及时保护，任由这种状况发展下去，将造成不可逆转的损失。

传承人是非遗的载体，非遗存在传承人的脑子里心里，活在口头上手头上。口述史的呈现效果生动、通俗，短时间能获得大量内容成果，并能通过互动由访谈人激发受访者的口述质量和效果，对高龄的传承人来说，无疑是一种易操作、及时便捷的方式。

条件便利，容易施行

口述史的前期需要进行准备工作，对被访者的经历、作品、性格等情况进行收集分析，这些基础性工作准备好后再约谈被访谈人。采访以谈话交流的方式进行，并且不限制场地，条件较容易达到，访谈容易实现。进行访谈时，在互动中进一步沟通交流，除了常规提问，还需再次挖掘出有深层次的内容。如此产生具有非遗保护价值的口述资料，方便再研究和利用。

通俗易懂，效果突出

口述史的采集，以被访谈人的第一人称为角度进行回忆、讲解、表达的口述，经过访谈人的角度提出问题，对技艺的难点、要点进行重点问询，采集、记录想要研究的内容，再进一步结合学科知识、专业技术进行整理和加工，从而得到的成果流程规范，内容质量高，展现效果好。口述史比较通俗，内容易理解、有意思，读者和媒体关注度高，大众愿意去接触和学习，为接下来非遗的普及、推广打下基础。

并且，传承人在访谈时除了技艺，还将谈及其对非遗的认识，个人的人生轨迹，对艺术的理解和积累，在非遗保护过程中的经历，等等。其结合自身体会增强对非遗技艺的说明，对当下和未来所述非遗的再现和传承都有好处。

口述史方便、简单，但要知道，口述史学本是学术研究，研究就要有研究方向和目的，也要有研究成果和研究价值，不能是聊天和泛泛而谈，成果也不是谈话内容累积。操作口述史流程要规范，除了材料整理、补充资料，成果要按照学术要求和学术高度整理、撰写，看易实难。另外，近年来，口述和数字化相结合的方式得到了广泛采用，比如边进行口述边进行数字化采录。这种方式是响应时代要求的创新结合，大大提高了抢救性保护的效率。无论运用哪种方式，重要的是让非物质文化遗产走出书斋、走进民间，才能在广阔天地中发现积淀深厚、内涵丰富的宝贵精神文化财富。

通过对非物质文化遗产保护长期的调查和研究，关于非遗的保护方式，许多学者提出了自己的学术观点和方法类型，总结出以下几种方法：整体性保护、原真性保护、生活性保护、本土性保护、活态保护等。这些方法从出发点和认识上各有不同，对非遗不同门类不同项目的适用也各不一样。针对保护成效的实践，不断拓展和丰富保护方法，将有利于下一步我国非遗的传承工作，也将扩宽非遗的研究视野，产生非物质文化遗产学术理论方面的进步。

我国非物质文化遗产保护经验的总结和提升　／　第四章

联合国教科文组织是世界最高政治权威组织，在国际教育、科学、文化领域成员最多的专门机构。联合国教科文组织向全球召集和提倡非物质文化遗产保护的出发点也和其政治身份有关。也就是说，自带政治属性的《保护非物质文化遗产公约》，其架构和实施方式并不是一个完全成熟的文化／学术领域指南，无法完全贴合各国已有情况。各缔约国在本国开展非遗保护时，面对庞杂的非遗资源和本国的历史文化基础，需要遵照《公约》要求和精神，结合本国情况开展非遗保护，不宜按《公约》完全套用。

　　我国保护非遗采用了政府主导的工作方式，在实践中利用多种多样的保护方法和措施，取得了快速有效的保护成果，形成了"中国经验"。轰轰烈烈的保护进程中，面对我国非遗资源多、情况复杂等基础问题，也暴露出一些不足，主要存在过于项目行动化、实施细则不够完善、工作不够深入等。

　　现就突出问题进行厘清探讨。

厘清非物质文化遗产的保护主体——从身份谈保护

　　2003 年，联合国教科文组织发布《保护非物质文化遗产公约》，根据这一文件的要求和精神，各缔约国在本国开始尝试开展本土的非物质文化遗产保护工作。2004 年，我国批准《公约》在国内施行，成为早期缔约国之一。为了进一步指导开展非遗保护工作，2005 年国务院办公厅颁布了《关于加强我国非物质文化遗产保护工作的意见》，在这份最具权威和长远影响力的文件中提出了非物质文化遗产保护的工作原则——"政府主导，社会参与，明确职责，形成合力。长远规划，分步实施，点面结合，讲求实效"。其中占据第一位即是强调了我国非遗保护工作的原则"政府主导、社会参与"。文件出台最重要的目的是为了建立协调有效的保护工作领导机制，并在归责方面明确将非物质文化遗产的保护主体认定为我国政府。

　　非物质文化遗产的主体性是其主要内涵，那么非物质文化遗产的主体是什么？根据非遗传承规律来说，非物质文化遗产的保护主体应该是非遗的享有者和传承者，也就是广大民众才是非物质文化遗产的主体，这在变化千百年的非遗历史中也是恒定的。

基于现实，究竟主体是谁？一些学者认为这两者的现实位置是矛盾的。笔者认为，综合考虑非遗名录的国际化背景和我国实际国情，政府可以定位在能够承担非遗保护责任的位置中来，这样角色的定位是有益于非遗保护和发展的，原因有三个：1. 政府可以站在国家的立场上进行顶层设计，规划、出台法律法规、管理文件，对实际保护起到了一定的约束性，更好地保证了保护成效；2. 在资源和资金上有一些鼓励措施，基于大部分非遗在实际生活中难以传承，传承人难以为继，甚至放弃技艺的情况普遍，政府在资源上的分配，资金上的支持，对解决非遗传承困难起到了带动的作用；3. 促进国际化的交流。非遗是每一个民众享用和拥有的，谁也拿不走。为了促进非遗的人类共享性，积极地宣传、发展、弘扬我国的非物质文化遗产，在国际层面上进行交流和展示，是政府可以产生的功用。

要知道非物质文化遗产政府主导的意义、含义和内在动机，先要知道政府与民众作为主体之间不是对立的概念，而是密切相关，无法分割的。如果缺少国家的认定，缺少对保护政策的支持、对文化项目的资金给予，传承人无法将"传承"责任更好履行。一旦传承人被认定，就是代表着达成约定，即担任传承人是一份工作，应该主动地参与到保护中去更好地完成传承工作和任务。双方都不可或缺，有着同样的希冀。

所以，针对所谓民众存在缺位的情况，笔者认为没有必要非要将传承主体和保护主体区分开来，人人都是非物质文化遗产的继承者和传承人。例如传统节日的存在，并非是非遗保护的要求或者政府的规定怎么过，而是民众自觉的选择。在这点上没有强制，强制也没有效果。民众过大年，千百年都是如此选择，这是一种自觉自愿的需求。无论谁提倡、促进、推进，最终做出选择的还是民众。

如何提高民众选择的范围，创造恰当的时机？政府和社会这两方面有着互相推动和互相带动的作用。民众保护、传承非遗中遇到了现实难以开展的情况和不便利的条件，例如传统节日没有假期，这时政府规定传统假日作为法定假期，政府保护非遗的主体功能就会体现出来。在保护成效中，不可否认的是，政府确实有着引领和推动的作用，其中承担的责任更大。比如防止非遗大规模的消亡，保证非遗的存续和活态传承，保护非遗传承人方面起到了不可撼动的作用。

在现代化、科技化进程中，很多国家和民族都面临着相同的"文化流失"问题和困境，为了解决这一问题，促进人类文化的多样性和可持续发展，出台《保护非物质文化遗产公约》。既然如此，保护非遗就不是个体的责任，也不仅是一个"社区"、一个族群的责任。非遗的生发传承，就成为"民众—国家"这个利益共同体的责任。笔者认为，既然是主体就要承担相应责任，因为无法去掌握控制个体和民族的非遗传承情况，而承担这个责任更多的可以是国家。

哪些部分需要改进？哪些地方有不妥？笔者以为，政府掌握了丰富的资源和约束力话语权，绝对的权力归属，也会暴露出一些问题。

比如《关于加强我国非物质文化遗产保护工作的意见》中规定：要充分发挥专家的作用，建立非物质文化遗产保护的专家咨询机制和监督检查制度。那么，专家学者实际起到了"主脑"的作用，主要担任智囊团和监督问询的角色，在非遗保护中承担许多职责，是政府开展保护工作不可或缺的一环。由于政府的主体身份，其他位置的重要性就势必减弱。我们看到非物质文化遗产保护的学者问询制度十几年以后才有一些工作开始做到位，还有相当多的向政府申报进入名录或者已经申报成功的非遗项目工作并没有执行到位，都是出于各文化主管部门摸索着来，并没有做到真正发挥专家的作用，依靠专业指导和规范咨询的开展，监督检查的制度更没有施行。所以，为了弥补"主体"带来的困顿，应该在细则处采取相应措施。

除此以外，在非遗保护开展的实际工作中，政府应该是把控"大局"，民众多"做事"。也就是说该怎么传承还怎么传承，该干什么还干什么，因为非物质文化遗产就是日常生活，而自己的生活怎么过取决于每一个人。那么，如果是按照我国保护工作的原则"社会参与"，老百姓的权利、责任、义务就变得较弱，即有些学者谈到的"缺位"现象。在大方向不变的前提下，笔者认为，非遗保护原则和保护工作都应该本着可持续发展的态度进行修正，那么"社会参与"的定位与民众作为非物质文化遗产主体责任就出入较大，"政府主导"可以不变，"社会参与"可以修订成"社会自主"，这样的话，民众的责任、权利增强了，能够参与的部分更多，自行传承的积极态度就提高了。

政府长期处于主导地位，制定政策、出台法律、评审名录、调整方式，这是政府的角色和任务带来的利好。政府的行为和动作都是规模庞大统一实施开展，从上而下地落实政策，各地方的执行各有各样，难免落实时有这样或那样的问题，比如地方文化基础、政策理解或者资金问题。主体还需要更加全面地加强管理，比如加强对从业人员实践工作的培训，协调相关部门担当起《非遗法》执法执纪的工作，执行对传承人传承事宜的监督管理，才能更好地行使非遗的主体责任。

保护体系需要完善和健全——从制度谈保护

联合国教科文组织于 2003 年通过了《保护非物质文化遗产公约》。这个集以往公开文件精粹，经过各国广泛讨论，通过了试行、调整、摸索所实施的文件出台，使全世界的文化发展风向起了变化。我国是加入《保护非物质文化遗产公约》的第一批国家，并于 2004 年在国内批准《公约》实施。根据联合国教科文组织对于各缔约国的要求，我国必须完成的任务之一是：拟定需要保护的非物质文化遗产清单。建立非物质文化遗产和传承人名录是我国履职动作之一，由此形成了我国名录制度。

我国"非遗名录"的问题

《国家级非物质文化遗产代表作申报评定暂行办法》（2005）

中说明，建立名录主要有五个作用：

（一）推动我国非物质文化遗产的抢救、保护与传承。

（二）加强中华民族的文化自觉和文化认同，提高对中华文化整体性和历史连续性的认识。

（三）尊重和彰显有关社区、群体及个人对中华文化的贡献，展示中国人文传统的丰富性。

（四）鼓励公民、企事业单位、文化教育科研机构、其他社会组织积极参与非物质文化遗产的保护工作。

（五）履行《保护非物质文化遗产公约》，促进国际间的文化交流和合作，为人类文化的多样性及可持续发展做出中华民族应有的贡献。

实际开展"名录"相关工作，在各地逐级申报、公布"代表性名录"过程中，地域性文化的宣传促发了地域文化圈中的影响。可以说，"名录"制度为非物质文化遗产在我国的落地的宣传和推广产生了正面作用。

名录制度不仅是一种规范和惯例，也是一种保护，其对世界、国家、地区等级别的非物质文化遗产进行整理和归纳，本身的"清单"性质，具有记录和保存的作用，大大提升了非遗保护的可操作性。但是"代表性名录"的保护也有其弊端和不足，详细如下：

1. "代表性"的辨别

我国是多民族国家，幅员辽阔，历史悠久，蕴含有许许多多的非物质文化遗产。根据联合国教科文组织《保护非物质文化遗产公约》对入选"代表作名录"的要求：文化标准和组织标准。文化标准意为具有特殊价值的非物质遗产的高度集中（文化空间或场所），具有特殊价值的民间和传统文化表现形式（口头表述、表演艺术、社会风俗礼仪节庆、有关自然界的知识实践等），是否作为人类创作天才代表作的特殊价值，是否具有作为一种活态文化传统之唯一见证的价值；[①] 组织标准意为对该非物质文化遗产未来的各方面的保护规划。

以上可见，非遗入名录的一个重要标准就是"特殊价值"，殊不知，"特殊价值"的提法和要求已经将入此名录的非遗和非遗存在的普遍、广泛的范畴剥离开来。另外，"国家级非物质文化遗产代表性项目名录"中的"代表性"不禁给人一种直观的感受，进入此名录的非遗就是非遗中的"高精尖"，是优中选优，比一般的非遗重要。显然这样的理解，有悖文化保护的公平性和平等性。也容易在现实实施中带来麻烦，比如非遗项目都想挤进名录，如若不能进入非遗名录，是否意味着不具备代表性。这就出现一些问题：虽然我国已经建立起四级名录保护制度，但我国非遗储量丰富。既然不能都进入名录，就造成了竞争激烈的情况。为了入选，甚至会存在不当竞争。如此一来，给非遗代表性名录带来了功利性色彩。

---

① 熊晓辉：《非物质文化遗产名录内在机制及保护实践的反思》，《文化遗产》，2017年第4期。

2. 申报、认定环节有待完善

非遗名录的评审，按照《国务院办公厅关于加强我国非物质文化遗产保护工作的意见》中对非遗保护工作的规定的原则"政府主导，社会参与"进行。我国的四级名录制度，是按照从下至上的顺序逐级申报的，即县级—市级—省级—国家级。具体申报工作，要先由各地方的文化部门组织实施，再由专家学者进行评选……各地申报的非遗项目，在当地应具有广泛的群众基础和高度认可。若由政府负责申报，即涉及名额分配、项目选择等敏感问题，也会涉及利用非遗做政绩、保护不落实的情况。这种方式缺乏民众的参与，非遗本身就是民众的生活，而民众在非遗名录的申报中缺乏发言权。如果存在被代表的现象，则有悖非遗名录制度的科学性和公平性。

由于我国非遗数量巨大，要求申报非遗项目的数量非常可观。由个人向地方政府申报非遗项目时，申报材料中不免会有人为的夸大事实和造假的情况存在。虽然这种是个别情况，但这种情况的产生，是源于存在漏洞。主管非遗的文化部门应该担起责任，尽快完善管理措施，才能防患于未然。为了确保对代表一方百姓的非遗文化负责，文化主管部门可以增加如下举措：申报材料不能只是文字材料，要进行音视频材料的存档。必要时进行田野考察和证实，要有抽查监督制度。在体现非遗保护管理效度有关国家建设方面，要严格法律规范，加强出台相应法律条文来约束，对非遗造假人员和项目严重惩治。

在非遗名录的认定方面，以已经公布的"国家级非遗名录"为例，入选的非物质文化遗产代表性项目在少数民族、地域性等非遗分类上都不能达到相对的平衡。"代表性名录"中进行了十个类别的划分，但四批次公布的 1372 个项目（含 3145 个子项）中，传统信仰和民间信仰的比例很少，另外语言与体现自然界和宇宙知识和实践类目在非遗名录中有所缺失。在未来的工作中，应该对以往忽视的非遗保护类别进行重视，完善"名录"的均衡，扶持和帮助我国整体非遗保护。

"传承人名录"的不足

目前为止，我国已经公布了 5 批次 3068 人的国家级非物质文化遗产代表性项目代表性传承人。从"传承人名录"批次和数量上来说，我国的代表性传承人群体已具规模，传承人名录制度建设初见成效。但在现实社会验证中，传承人保护制度还有很多问题有待重视和解决。传承是非遗保护中非常重要的一环节。刘锡诚先生认为："非物质文化遗产的生存特点是什么？答曰：传承。非物质文化遗产的发展规律是什么？答曰：是进化。"[①] 由此可见，

---

① 刘锡诚：《谈谈文化的传承——以非物质文化为例》，《学习时报》，2007 年。

针对传承中的变——活态的衍变是需要重点展开研究。

1.“传承人名录”是传承人保护的一部分

随着各级传承人名录在社会上的公布，传承人的身份及社会地位得到了认可。各种保障举措随之产生，比如发放传承补贴，提供传承场地，无形的社会资源补充等，需要说明，传承人不仅是一种名誉，而且对社会和国家负有传承责任。但是，目前我国已存在的种种非遗保护举措并不能确保传承人履行自己的义务。换句话说，传承人名录体系的建立，只是传承人制度保护开展的前奏，真正的保护和传承工作需要在实际中开展。

目前，我国缺少对传承人的跟进和随访机制，如果不能掌握传承人保护非遗的动态，传承人和代表国家的文化管理部门就不能接轨。如果管理部门无法为传承人提供更合适的传承条件和方式，无法及时解决传承人遇到的困难，就会降低非遗保护的成效。对于传承人来说，没有跟进机制，非遗保护成效很难体现，实施退出机制和考评机制也很难全面和中肯。以上种种情况，将影响非遗的整体保护效果和保护传承人以人为本的初衷。

2.传承人退出、考评机制的实施

2006 年，国家出台了《国家级非物质文化遗产保护与管理暂行办法》，对传承人提出了管理规定。2011 年 6 月《中华人民共和国非物质文化遗产法》实施，其中规定：非物质文化遗产代表性项目传承人如不履行义务，将被取消其代表性传承人资格。丧失传承能力的传承人，可以重新认定该项目的代表性传承人。落实到实际操作中，没能及时和实际保护工作挂钩，没有相关部门按照此项规定衔接实施监督评估。2015年，江苏省苏州市印发《苏州市非物质文化遗产项目代表性传承人认定与管理办法（修订稿）》，其中明确非遗项目代表性传承人不是终身制，并将对非遗传承人进行绩效考核。这个举动，是对非遗传承人保护机制的完善和进步，也是对非遗法实施细则的补充。目前，这个在地方率先试验的先进举措，仍处在全国范围广泛推广的阶段。至2019年，公布多年的《非遗法》传承人退出机制，缺少推广力度，难以真正落实。

实际上，退出和考评机制是保护真正做着传承工作的传承人，保护好他们的身份、名誉、利益，就是保护好非物质文化遗产。目前，非遗的"退出机制"缺乏国家的统一部署和操作实施规定细则，需要走出计划到现实中实现真正的保护，不仅效率有待提高，也需要时间的考验。

3.传承人的离世和老龄化

第五批代表性传承人名单在2018年一经公布，又一次吸引了社会注意力。通过分析比对数据发现，第五批传承人平均年龄达到63岁，其中40岁以下传承人占比不足1%，60岁以上的传承人占比达58.3%。到2018年，前四批传承人的平均年龄已达到了78岁，非遗传承人"老龄化"现象到了亟待解决的地步。

非遗传承人的老龄化问题凸显。由于非遗传承人都具有高超的非遗技艺，能达到公认的代表性传承人的水平，需要历久经年的积累。我们应该提前知晓非遗代表性传承人老龄化是传承规律中的普遍问题，要针对非遗传承人的老龄化拿出对应措施。非遗是在传承人身上体现出活态价值，保护的核心和关键是保护传承人。如何应对传承人老龄化、高龄化，甚至随着时间的推移产生"人亡艺绝"的问题，是保护非遗传承人的重点和难点。

及时开展对老龄化传承人的保护将会提高传承人的个人价值和传承影响，减少不必要的遗憾，今后建议实行的举措有：第一，对非遗代表性传承人情况进行全面普查。掌握传承人老龄化的情况，对老龄化、高龄化的传承人如何传承非遗，进展效率等问题详细了解。如果是因为传承人自身情况特殊（比如残疾人）或生活非常困难的，要联合其他部门给予资金上的帮助和支持，协助他们解决生活问题。如果其掌握的非遗代表性项目技艺缺少传人，找不到徒弟，应该尽力帮助协调搭起桥梁找到愿意、合适学习技艺的人。第二，对传承人开展整体性保护，还可以通过对每个传承人建立数字化档案的方式达到全面保护的效果。通过建立档案，逐渐给非遗代表性传承人建立起音视频立体的传承资料库，保留下传承人的非遗影像和口述，对传承人的技艺给予档案式的体现，便于今后利用。

4. 扩大传承群体

传承是保护非遗的主要目的之一，对传承人身份的肯定就是对优秀传统文化的肯定。通过宣传和推广传承人的传承行为是建设传承人保护机制的一种方法。这不仅是对传承人个人的宣传、推广，也是对其持有的代表性非遗的推介，十分有利于非遗的保护。加强宣传可以带来若干好处，如增加民众对传承人和其代表性项目的了解，增加民众想要接触、学习和开展非遗保护的意愿。现实生活中传承人和想学习、掌握传承非遗技艺的人经常不能衔接。有一部分原因是传承人忙于非遗技艺的钻研，对于外界的消息比较闭塞，更大一部分原因是有兴趣接触非遗技艺的人很多，希望以非遗传承当做事业的人很少，真正通过学习有资格有水平成为传承人的群体更少。现实中经常卡在第一步就无法进行，传承人找不到学习者，学习者找不到传承人。笔者认为，对传承人的保护要进行全盘的考虑。文化主管部门和文化单位有协助非遗大力传播的责任，用网络和电视这种直观的方式制作非遗节目，播放非遗影像，增加社会关注度。对需要招徒弟的传承人，利用短视频平台确定身份，增加寻找环节，通过播放量提高传承人和学习者之间的互动。另外，随着近年来非遗进校园，非遗传承人可以和学校合作，开展传播、教授非遗的工作，为传承人和学习者架起桥梁。打通了最后一公里，加入非遗传承行列的人会越来越多。

完善举措加强管理——从问题谈保护

非遗热需要冷思考

  二十年非物质文化遗产落地化、本土化的保护实践，使非遗成为我国民众心中优秀传统文化的代名词，声誉和社会关注度不断升温。构建具有中国特色的非遗保护体系，"名录保护"制度是重要部分。我国目前已建立起两个著名的名录体系，一个是国家—省—市—县四级"非遗名录"体系，另一个就是"传承人名录"体系。建立名录使我国快速找到了保护对象，有利于我国非遗保护工作有的放矢。但通过多年的施行，也暴露出一些问题。

  我国在建立非遗四级名录体系的过程中，成功掀起了各地申报名录的热潮。但是名录热，只是对进入名录具有热情，缺少对非遗项目本身的深入支持，不免有掺杂着功利性的情况。非遗产生的热度偏离了非遗保护的初衷，如此一来，大家重视的是表面而不是内在。

非遗不是快消品，是长年累月的积淀，非遗保护必须依靠政府日复一日年复一年地投入资金。在传承人名录保护中，由于对落实的要求高，产生的问题非常复杂。有的地方政府在执行非遗保护措施和后续事宜存在冷处理和不到位。比如中央每年对非遗传承人进行拨款，出台了法律法规，但落实到地方执行中，就有经费没落实或使用不完全的情况，还有缺少了解传承人的传承行为，没有采用个体化规划性的方案，缺少跟进等现象。非遗传承人除了具有"名头"以外，还是面临着运转困难、条件艰苦、后继乏人的问题，如此一来，非遗只是看似热，实则仍冷。

我国2011年出台了《非遗法》，规定了非遗保护的义务和任务。近年来，除了国家出台的法律法规以外，越来越多的省市出台了非遗保护实施规范。但归根结底，我们缺少的是具有约束力、执行力的法律细则，缺少能够切实起到保护非遗和非遗传承人作用的方式方法。比如增强没有资金收益类别的保护、增加监督和指导各地对非遗经费的使用、开展传承人保护工作成效的管理、非遗传承人传承情况的跟踪机制等等。另外，"政府主导"是我国非遗保护工作的原则之一，那么各级政府应该担起全面地更好地保护非遗、传承非遗的责任，并落实对各地非遗保护的问责制。

另外，名录保护体系中，像代表着世代人民智慧和习惯的民俗类非遗，很多是群体参与，没有代表性传承人。这种在名录上看得见的非遗项目，在现实中缺少代表性传承人的衔接，如何开展保护。比如：地方投入的保护成本是多少？是否列入了保护工作计划？是否与进入"非遗名录"的其他非遗享有同等受保护的权利？这些需要落在实处的工作，在非遗热度慢慢下降，人们趋于理性以后，还有很长的路要走。

警惕过度开发与利用

我国非物质文化遗产保护工作的方针是：保护为主，抢救第一，合理利用，传承发展。从此可以看出，第一，非遗保护的过程中需要开发利用，但是要合规合理；第二，做好非遗保护工作，是以各种形式和方式进行抢救和保护为基础的工作，合理利用及传承发展是在做好基础工作而进行的进阶工作。

保护非遗的最终目的是让非遗活态传承，自我造血。非遗在现代社会应该像其千百年存在的形式一样，以活态流变的状态存在于民众的生活中。如何让其发展和传承，是目前保护的重点议题。如同"生产性保护"方式的初衷一样，让非遗进入市场，打造自己的未来才是保护美好前景。然而，现实中非遗保护传承涉及开发利用的情况却不容乐观，在还没有形成成熟的规范流程时，市场经济就过多参与进来，本末倒置的情况时有发生。在还没有做好扎实的基础性保护时，就开始打算利用非遗开发商业化的用途，甚至开展盈利活动，这种乱象无疑是对非遗保护的打击和伤害。

我国的非遗是基于长久农耕社会中积淀的产物，在当今快节奏、城镇化的社会发展中已经失去了原本的土壤，一些具有农耕时代遗留习惯滋生的非遗更是无法存活于现今的商业化迅猛的时代。这些非遗保护很多性质是以社会利益为主要，需要投入的资金比收回的资金多得多，更需要投入时间、人力成本去保护。保护、传承非遗是一项利国利民、千秋万代的事情，我们首先要知道，并不是所有非遗都适合商业化，即使适合商业化的非遗类别也应该首先尊重文化多样性，不为了市场盲目开发。非遗本身不是商品，不能将非遗简单粗暴地与开发利用挂钩，应该遵循非遗的发展规律，辨析适用于非遗开发利用的类别和项目，用循序渐进的方式打造试验性和个性化的保护方案，以整体性非遗保护成效为第一位衡量标准和方法。

　　近年，常见非遗和旅游开发结合在一起，形成"民俗村"，由演员穿着当地传统服装，将传统仪式改编成节目表演。为了接待外地游客，少数民族的节日在天天过，比如泼水节每天都在上演，傩仪式每天都在进行。这就是开发中的简单粗暴，不仅歪曲了个体非遗的意义，也打消了民众保护非遗的积极性。有些地方仍存在文化搭台经济唱戏的想法，对保护非遗缺少判断，非遗保护是功在当代利在千秋的伟业，任重而道远，也许当下保护的效果不明显，但回报会长久显现，对未来却如保留了活水源一般的重要。

　　笔者认为，非遗是具有历史积淀的民族民间特色的宝藏资源，利用非遗开发出适应当代更好发展的非遗作品和产品本身没有问题。但要遵照文化发展的规律，将保护非遗的目的放在第一位，谨记过度开发、过度利用，协调好非遗商业化的各种问题，才能在保护中延续非遗的精神属性，长久地传承下去。

第五章／我国非物质文化遗产保护的发展和未来

我国非物质文化遗产保护的发展和进阶

　　无论时间如何变迁，优秀的传统文化永远是一个国家繁荣的基础和底气，保护非遗将能够延续和丰富这份根基。面向未来，持续深入开展非遗保护工作，将是民族发展、国家昌盛不变的大计。

　　非遗保护是我国重要的文化事业组成部分。这不仅体现了我国作为缔约国对联合国教科文组织履约任务的执行，更体现了我国对国家软实力的重视和对文化发展力的培育。20年来，非物质文化遗产在我国生根、发芽、成长，经历了懵懂、探索、收获的不同阶段，逐渐进阶地发展和进步，长效地发挥了作用。现就以非遗保护整体实践的角度扼要地对进阶情况进行总结和分析，希望提取一些有益经验和未来发展方向。

开　端

我国在 2000 年筹备"人类口头和非物质遗产代表作名录"的申报为非遗保护伊始。2001 年，联合国教科文组织公布了第一批"非遗名录"，昆曲位列榜首，我国非遗申报"旗开得胜"。这促进了我国大力开展非遗保护的信心和决心。逐步出台的非遗政策法规，是全国范围内大规模部署非遗保护任务和工作的支撑。在保护阶段早期，我国的主要任务：全国非物质文化遗产普查、建立我国自己的非物质文化遗产名录、各级非遗传承人的申报等。同时持续向联合国教科文组织《人类口头和非物质遗产代表作》申报我国非遗项目和其他履约事宜。种种工作的大力开展，使非遗保护在国内迅速引起关注。

人民团体在我国非遗保护伊始即发挥作用。以中国民间文艺家协会为代表发起的"中国非物质文化遗产抢救工程"在 2001 年萌发抢救保护意识，着手开展非遗保护工作，是我国最早响应号召的生力军。中国艺术研究院、中国社会科学院等研究机构和相关高校在解读联合国教科文组织文件、筹备我国申报联合国非遗名录、研究非遗定义定位、非遗保护分类等工作上贡献了科研力量。许多专家学者在早期就加入保护队伍，将研究方向放在对概念的解读和本土化相关学科的对比，最早向大众普及非遗。在对非遗工作的建言献策的重点工作上，及时给予了政府保护工作的学术判断和支持。

民间依旧以与非遗相关的传承人群体为主持续进行非遗保护传承，并由本阶段开始，通过加强宣传，使非遗的名气不断增加，带动了传承人群不断扩大。民众在获得了越来越多的非遗信息和知识后，逐渐对非遗产生兴趣，开始主动接触。在良性互动下，非遗传承人的就业机会增多，更多拥有非遗技艺的传承人开始回流非遗领域。

在我国保护非遗的初级阶段，政府主导起到了巨大作用，国家提供了资金支持和政策保障。早期非遗保护视野放在对非物质文化遗产概念引进、宣传、普及，普查非遗资源，布置非遗保护工作规划和任务等等之上。比如推广非遗概念，将非遗进行本土化改造，规划、筹备我国非遗保护工作，普查、抢救正在消失的非遗资源都是我国的重要任务。通过政府引导，非遗由国际进入国内，结合我国已有的传统文化、民间文化保护基础，开始在我国走入正轨、逐渐打开局面。

开　展

大力开展非遗保护工作，使我国数千年积淀的优秀传统文化迎来了新的发展时机。按照国家部署和要求，以举国之力对非遗展开了有效、有序的保护，分步骤地完成了非遗保护的基础工作，显现出令人瞩目的成效：对全国非遗资源总量近87万项进行了普查和登记。从 2006 年开始至 2019 年，总共公布了四批次国家级非遗代表性项目名录，逐渐建立起国家—省—市—县四级的名录保护体系。对传承人进行"认证"，从 2007 年开始，公布了总共 5 批 3068 个国家级代表性项目代表性传承人。2007 年开始设立国家级文化生态保护区，至 2019 年全国共 21 个国家级文化生态保护（实验）区，全国共建立起 140 多个省级文化生态保护区。2011 年，我国正式施行《非物质文化遗产保护法》。近年来，各省市陆续出台了自己的保护条例……

数字的呈现是静止的，保护的成效是动态的。经过政府的引导和助力宣传，非遗保护工作开展得如火如荼，名录申报、传承人推广等方式引起了社会各界的关注，非遗的丰富多彩吸引了民众的自觉接触。保护非遗的支持度持续上升，在全国掀起了热潮。

传承是非遗保护的希望，正在消失的非遗通过抢救、保护开始慢慢恢复，传承人开展非遗活动大幅度提升。传承人的队伍在扩大，自觉接触非遗的群体在增长。越来越多的高校设置非遗专业课程，培养、建设非遗保护人才队伍。

社会参与方面，本阶段社会组织贡献了很大力量。人民团体、学术和研究机构以非遗作为着力点不断开展交流和学术活动。专家学者以图书、论文为着力点推出了大批研究成果，推动了非遗研究的发展。社会资金以民间行为汇集，越来越多的创业者以非遗为重点作为职业方向。

有了法律条例作保障，非遗保护工作有序走上正轨，名录体系和传承人体系的申报建立以及各种保护方式的定型成为我国本阶段非遗保护的工作常态。学术研究机构、宣传媒体、社会力量能够自觉地围绕非遗结合工作开展保护，非遗保护呈现一片繁荣之态。

开　发

某个角度上讲，普查、记录我国非物质文化遗产情况，厘清我国非遗资源脉络，建立起申报体系和摸索非遗保护方法只是非遗保护的初始和基础工作。在保护概念的范畴中，传承和发展是非遗长远留存的关键。如何将非遗融汇于当代生活，形成自己造血生存的局面才是非遗保护的难点和议题。

想让传统的非遗在现代社会焕发新生机，需要考虑当下的生活理念和方式，针对非遗的不同种类进行改变和创新。在国家层面上，结合政策引导进行非遗保护的复合化，比如与"一带一路"、乡村振兴、利民的国家战略共同施行。

保护渠道的增多和手段的多样化正在成为常态。电视节目、纪录片以非遗为主题，吸引了越来越多的人观看和了解。网络的传播和网上非遗博物馆成为民众学习非遗的新方式。近年越来越多的社会资金、资源以文旅结合、非遗与文创产品结合的方式进行尝试。"旅游"加非遗的形式促进了地区经济的增长。非遗与钥匙链、化妆品等文创产品的开发，经过了重新设计和打造，取得了社会口碑和经济收益的双赢。

非遗保护的开发利用，需要进一步加强保护工作机制的严格要求，才能为工作注入动力。未来，非遗保护的法律规定和细则的完善需要继续深入和细化，以解决和确保非遗在快速发展的社会中不因为盲目开发损害权益。

经过我国多年的非遗保护，社会的关注和支持热度不减，但越发趋于理性。非遗的传承人群不断扩大，保护方式更加制度化和规范化。非遗相关行业吸引着越来越多的年轻人就业，将逐渐弥补非遗传承"断层化"的劣势。我国开创了自主的保护道路，民众经过我国非遗保护多年的浸润，提升了对非遗的认可和肯定。未来，需要在保护理念和措施方法上完善，进一步提高保护成效，走上我国非遗保护的更高台阶。

新形势下非物质文化遗产的发展任务

　　21 世纪以来，非物质文化遗产保护已经成为我国举国上下的文化事业，长远利好于传统文化、民间文化的传承和发展。我国非遗保护做出了令世界瞩目的成绩，无疑是伟大的。通过非遗保护改变了民众对传统文化的认知，使民众对民族、国家的文化产生自觉，更是不可忽视的突出贡献。非遗保护工作 20 年来，我国保护水平整体增长，收获了很多成果，积累了许多经验。面向未来，随之而来的问题就是：我国非物质文化遗产如何更好地发展？

　　笔者认为，优秀传统文化是一个国家繁荣强盛的基础，文化发展应该服务于国家建设，推动社会发展，更应该在新形势新时期响应国家规划号召，发挥更大作用，以利于国惠于民。

服务规划，响应国家发展

　　2016 年，我国迎来了"十三五"规划时期。随着国家的强大进步，有了进一步战略布局，需要文化加快发展改革。2017 年 5月，中共中央办公厅、国务院印发了《国家"十三五"时期文化发展改革规划纲要》，制定了总体目标任务，对当前文化形势进行了详细阐述，提出将新发展理念贯穿至文化发展改革中，并对繁荣文化产品的创作生产推出、传承弘扬中华优秀传统文化等方面做出诸多要求。

　　中华优秀传统文化在当下应用和弘扬是一个颇受国家关注和重视的发展着力点。2017 年中共中央办公厅、国务院于 1 月印发了《关于实施中华优秀传统文化传承发展工程的意见》，要求到 2025 年，中华优秀传统文化传承发展体系基本形成，（国民）文化自觉和文化自信显著增强。2017 年 10 月，习近平总书记在十九大报告中提出要"推动中华优秀传统文化创造性转化、创新性发展"。

　　国家需要优秀传统文化在当下扩大影响，带动社会各方面发展良性循环。作为优秀传统文化的广泛代表，非物质文化遗产保护、传承面对新时期、新形势，已经快速做出了回应。2017 年，"中国传统工艺振兴计划"以有广泛群众基础的传统工艺为落脚点，对"提高传统工艺产品的设计、制作水平和整体品质"，"拓宽传统工艺产品的推介、展示、销售渠道"方面布置任务。对加强行业建设、人才培养，扩大传统工艺的产业化、创新趋势，带动经济增长、促进就业等方面产生了联动效应。

发展是兴国的第一要务。未来发展方向，非物质文化遗产可以发扬自身特点，服务于中国特色社会主义五位一体总体布局，对经济建设、政治建设、文化建设、社会建设、生态文明建设产生积极的促进作用。通过响应国家新形势的发展要求"坚决打赢脱贫攻坚战"，协助建设文明开放的社会环境等发展方向，在政策落地、实施方面发挥积极作用。

例如：传统手工艺助力乡村振兴，使村民增加收益，扶贫的方式得到了推广。不用外出打工，足不出户就能做工，还可以降低成本和风险，给许多乡村的百姓和手艺人带去了生计。贵州省文化厅与苏州工艺美术职业技术学院成立了传统工艺贵州工作站，开展示范引导、研修研习培训，打造品牌和产品水平，提升了传统手工艺的市场竞争力。2017 年，贵州全省的手工业产值达 60 多亿元，带动了百万余人口就业。

以非遗为原点开发衍生产品，不失为一个推动"创造性转换、创新性发展"的合适举措。近年来，随着文创产品在设计上贴合年轻化、潮流化，在线上线下"爆红"，受到了年轻人的追捧。以故宫为例，依托已有的文物和传统文化符号打造的各种文创产品：笔记本、茶具、包等。新颖的设计，加上传统的元素，形成了独特的风格，"故宫博物院文创旗舰店"在购物网站已经形成品牌，近年来经常推出爆款，实现了收益与口碑的双丰收。即使是网络上模仿的跟风产品，也受到了许多消费者的关注。可以看出，开发非遗衍生品，做好、打通设计、生产、销售的渠道，有巨大的市场潜力，既能增加非遗的曝光率和认可度，又提高了文化产业的经济收入。

结合国家发展要求和战略布局，非遗迎来了新的生机。通过"一带一路"建设，各地非遗保护资源得到了整合，使非遗在促进合作、文化旅游、传统村落治理开发等方面发挥优势。近年来，非物质文化遗产的"国家级文化生态保护区"产生了很好的示范作用。2007年至今，我国已在全国各地设立了21个国家级文化生态保护实验区，其中"徽州文化生态保护实验区""羌族文化生态保护实验区"都是跨省份设立。设立保护区是我国独特的非遗保护措施，对非遗存续良好、具有重要价值的地方采取区域性的整体保护，对促进非遗传承、文化发展、经济增长、地域合作等方面十分有利。2019年3月，《国家级文化生态保护区管理办法》正式施行，进一步提升"生态区"的设立、管理与发展，是非遗保护制度化的必要措施，也是将"保护区"方式发扬光大的行动指南。

精准施策，管理落实到位

我国开展非遗保护历时20年，是世界上首批进行非遗保护的国家之一。保护早期，许多工作和步骤计划是按照联合国教科文组织的要求进行，随着逐渐深入，我国采取了自主的保护方式和措施，形成了非遗保护的中国经验。开展非遗保护的同时，为了进一步加强保护力度，出台了许多政策法规，最著名的当属《中华人民共和国非物质遗产法》。按照我国政府主导的保护工作原则，也形成了自己的工作制度和工作方式，即以文化部为主要牵头负责，各地方文化部门合力的保护脉络，出台了关于非遗项目和非遗传承人等诸多管理办法和实施方案。

目前看来，虽然有已出台的政策文件进行保障，但保护很难全部落到细处，解决实际出现的问题。比如，从2016年开始，国家级传承人传习补助标准提升至2万元。传习补助是用于传承人开展传习活动，解决传承人在传习活动中面临的现实困难，提高传承积极性的举措。传习补助非生活补助，传承人不能拿来补贴生活。那么问题就出现了：第一，如何确保所有应拿到补助的传承人都不打折扣地拿到补助；第二，如何确保拿到补助的传承人确实开展了传习活动。再有，即使传承人拿到非遗传习基金，若没有非遗资源上的帮助，传承效果也是收效甚微。应该加强给予资源支撑，例如在传承人和学校，传承人和各种机构、专家学者的联系等给予帮助。对参加展览、展演、比赛，非遗走出国门等方面应该创造条件。还应该在提供传承人传承场地、问询答疑等方面提供保障。

还有目前，非遗法律法规缺乏具体条例，对保护传承人和惩治有损非遗的行为缺乏有效的措施，应尽快制定保护细则符合现实需要。国家认定的非遗项目成为"终身免检"、已认定的非遗项目缺乏监督等等问题。非遗的项目及传承人不是名号，传承人和国家的关系不是给予和被给予，而是授权和被授权。传承人应该踏踏实实地履职责、做事情，用传承活动体现自身非遗价值。政府通过引导、监督，管理、帮助等方式，协助非遗保护、传承有序进行，进一步将工作做实做细。近年，文化部门已经开始出台细则规定，例如需要传承人提交工作报告等，但是要想落实到位，就得施行监管监督制度，才能快速掌握情况作出反应。另外，对非遗的发展，也要和传承人群联系紧密。比如，设立建议通道，为传承人排忧解难。听取社会上广泛的意见，成为传承人和社会的一座桥梁。

转型升级，提高可持续能力

在营造非遗保护的大环境上，基于之前的积累，下一步非遗工作的保护重点、保护措施有待调整，非遗的发展有待转型升级。比如在地方生态文明建设、地域文化、社会文明等发展点、着力点上，结合非遗开发利用会创造更多的条件，使非遗与经济、非遗与发展、非遗与扶贫等方面协调发展，促进非遗保护结合重点专项政策落地实施。文化部于 2018 年更名为"文化和旅游部"，指导方向上有了文旅结合的偏重和机遇，期待给非物质文化遗产带来新的发展前景。为了更好地抢救和保护正濒临消亡的非遗，中央财政资金不断增加对非遗保护的拨款，新形势下应该利用政策、资金的支持协助非遗开发利用，实现落地生根的自我保护。

新形势下，城镇化变迁的速度仍然加快，非遗的发展需要紧跟形势，发挥优势，采取措施。例如在新农村建设、乡村振兴等方面利用自身特色发挥作用，打造有传统文化内涵的乡村文化平台，守住滋养非遗的土壤和中华传统文化生长的家园。在保护方式方法上应该贴合当下发展，打开视野。结合"互联网+"、"文化+"、大数据等新兴的技术手段，提高非遗保护的成效。目前文化发展阶段，是我国增加中华民族文化战略声誉，突出文化价值的重要时期。中国非物质文化遗产保护、传承也再次迎来了发展时机。按照"部署和要求"，需要面向国际使非物质文化遗产走出去，以展示我国非遗保护水平，带动整体文化形象，"提升国际影响力"。同时，我国非遗保护要进一步提高对新发展形式的认识，加强向国际输送贴合需要的内容和题材，做好准备，提升"品质"，为进一步展示我国优秀传统文化，促进世界文化多样性而努力。

在学术研究方面，通过20年的努力，非物质文化遗产保护逐渐跳脱出工作性质的履职任务范畴，成为多学科交叉，众多优秀学者汇集的学术领域，集中涌现了大批的非物质文化遗产研究成果。学术发展早期由民俗学、人类学等学科转而研究非遗的学者为主力军，随着非遗队伍的发展壮大，目前一大批中青年学者，由各大高校内设置的非物质文化遗产研究专业毕业和培养，继而投入非遗研究之中。他们的目标明确，成为我国非物质文化遗产保护的使命担当。非遗实践和理论的 20 年，是我国"非遗学"的建立、完善的基础阶段。除此以外，学术界的贡献很大一方面体现在学者身上，包括对非遗项目的评审，与联合国教科文组织进行沟通，对培训传承人等工作给予的教学支持，专家学者担当非遗保护智库的作用，是我国特色非遗保护实践中浓墨重彩的一部分。近年，文化部计划对专家库更新和扩大，将更大限度地运用学者能力保护、传承非遗。笔者认为，接下来，学者应该在非遗的各个方面，如项目发展指导、评估、考核传承人等扩展领域发挥更全面的作用。还可以为非遗产品开发的尺度把关，为非遗传承的进程进行监督，成为我国非遗保护不可或缺的一部分。

面向未来，非遗保护需要适应新的文化发展要求，也将有新的任务。近年来，我国在非遗保护的理解、理念上取得了重大进步。在非遗保护的工作原则方面，基于非遗保护初期，我国的非遗庞杂和急需抢救的状态，以"政府主导、社会参与"的非遗保护工作原则开展取得了巨大成效。新时期面临的情况不同，我国的非遗保护应该进行适当的角色偏重转移，未来，不妨按照"政府引导、社会担当"的发展思路落实保护工作效果，将能够加速实现国民文化自觉、自信。

近年我国对非物质文化遗产保护工作有了一个重要理念——见人见物见生活。首先，非遗脱离不了人，人的存在才是非遗的存在，人的选择决定了非遗的衰落与繁荣。其次，非遗的存在脱离不了表现形式，如物体、活动、空间等。再次，非遗不能脱离生活。在以往的保护中，经常把非遗单独拿出来，难免会错误地理解将非遗放在生活的对立面。殊不知，非遗本身就在生活中，非遗即生活。所以，"见人见物见生活"理念的提出，体现了我国非遗保护更加全面和理性化，将形成开放性和多元化的非遗保护氛围。

提高对《保护非物质文化遗产公约》的理解和理念的认识

我国的非遗保护实践收获了很多成果，获得了许多珍贵经验。我们应该清楚地认识到，非遗保护工作进行了 20 年，当下所处的保护阶段已经不同。经历了轰轰烈烈的名录申报、建立，找准了保护资源以后，我们应该怎么做？从某种角度说，这时候，保护、发展非遗刚刚开始。在再次整装出发之际，也需要总结教训和反思。笔者认为，分析好非遗发展的走向，清楚以往忽略和未完成的工作，可以查缺补漏，更好地促进未来非遗的发展和传承。

提高对《保护非物质文化遗产公约》的理解

1. 文化空间

联合国教科文组织于 2003 年 10 月通过《保护非物质文化遗

产公约》，《公约》中这样定义非遗："非物质文化遗产指被各群体、团体，有时为个人视为其文化遗产的各种实践、表演、表现形式、知识和技能及其有关的工具、实物、工艺品和文化场所。"其中，文化场所指的是文化空间。关于文化空间，联合国教科文组织官员艾德蒙·木卡拉说："文化空间是一个人类学概念，它指的是传统的或民间的文化表达方式有规律性地进行的地方或一系列地方。"非遗的开展、传承不能脱离发生的地点。可见，文化空间的概念是非遗保护很重要的一部分。

　　文化空间要满足时间性和空间性的要求，指集中开展非遗的场所。比如庙宇、传统村落、民歌会所在地等。如同传统手工艺的载体依托于物质一样，习俗、传统节庆等类别的非遗要依托文化空间表现。文化空间的特点之一就是多种非遗的融汇和展示。比如民间艺术、民俗、传统技艺、时间历法，都会在传统村落——生活所在地点汇集。对于保护单一的非遗种类来说，文化空间更具复杂性和急切性。

　　人类需要生活和感情缔结，互相之间的行为和活动产生着大量联系。非遗是被群体认可和享用的，如何体现非遗的群体性，文化空间会占很多比重。以往我国开展非遗保护时对文化空间的理解、认识、保护缺少重视，在已公布的国家级非物质文化遗产名录中，在册的文化空间类项目缺失。未来应该提高认识和重视，加大力度确定项目，进一步开展保护。

2. 可持续发展

2016 年联合国教科文组织为非遗保护新增了一项重点理念——可持续发展。可持续发展意为"在非遗保护措施中努力保持可持续发展的三个方面（经济、社会和环境）的平衡，保持非遗与和平、安全之间相互依存的关系"。这是非遗保护在世界范围内开展以来，就如何更好地在现代社会存在和发展做出的重要进步。

联合国教科文组织的新动作传递给我们几个信息：第一，非物质文化遗产保护在人类发展中将发挥重要作用；第二，非物质文化遗产的留存应该随着时代的发展不断地变化，发挥优秀非物质文化遗产的特性和属性，服务于时代的要求；第三，促进非遗的可持续发展是每个国家的责任，促进可持续发展就是促进环境、生态、安全等与人类发展息息相关的因素，有利于整个人类共同体发展。

社会在发展，人类在进步，文明将不断地达到新的高度。非物质文化遗产保护应该适应发展，在新的高度上体现价值，创造新的辉煌。未来，非遗保护不能将目光只锁定在单一项目上，也不能只追求抢救、保护等方面成效。应该将非遗与社会进步、国家发展、国际关系等结合考虑，才是非遗存在未来的关键。

反过来说，"可持续发展"理念对人类保护非遗要求更高。这其中有两个层面。第一个层面，人类对非遗的保护、利用、发展中，必须考虑到对环境、生态、社会等方面具有的责任和义务；

第二个层面，就是重新定义认同。结合《公约》中非遗的定义："被各社区、群体，有时是个人，视为其文化遗产组成部分"，以及我国《非遗法》中"各族人民视为其文化遗产组成部分……"，视为既是认同，意味着只有被认可，才是非遗存在的根本。按照可持续发展理念的出发点，历史环境所遗留的，不利于现代发展的文化传统，应该有意识地进行选择。比如，涉及动物使用、性别差别、污染环境等不符合时代发展的非遗项目，在历史发展的大潮中，将逐渐被淘汰。

3. 共享性

非遗来自联合国教科文组织发布的《保护非物质文化遗产公约》，《公约》出现的主旨，是基于保护人类文化多样性的丰富独特，加强各国传统文化保护和发展，促进人类整体文明水平。由此可见，非物质文化遗产是人类共同体的利益和财富。

《公约》是各国开展非遗保护的总指南，更好地理解公约的规定，有助于准确开展本国的非遗保护，推进非遗保护的合理开展和健康发展。《公约》中的"共享性"，是近年来我国在非遗保护实践中较少提到的概念。事实上，共享性将影响人类对多样文化的使用和传承。提高对共享性的认识，将是打开未来非遗保护新局面的钥匙。

在我国保护非遗初期，"端午祭"事件是一个重要新闻事件。2005年，韩国"江陵端午祭"入选第三批《人类口头和非物质遗产代表作》，在我国网络上掀起了巨大争议。很多人担心，这是

"抢注"，是对我国传统节日端午节的霸占。我国世界非遗代表作的申报和入选一时间受到国内社会的广泛关注。2009 年，联合国教科文组织正式批准中国端午节列入世界非物质文化遗产，这也是中国首个入选世界非遗名录的传统节日。

随着时间的推移，人们对非遗申报了解得更加全面，也更加理性。首先，韩国的"江陵端午祭"文化内涵、内容和我国"端午节"完全不同，其民俗活动包括假面戏、拔河、摔跤等；其次，由我国"端午节"传到韩国形成节日流变，在韩国成为"端午祭"，已经有 1500 年历史，是属于他们的；再次，我国在历史上由于经济、文化大国的身份，影响和带动了周边国家的发展，这是不争的事实。但经过了别国本土化的传承和创造，形成了具有他们族群特色的文化传统，这也是不争的事实，应该给予尊重理解。

2005 年 11 月，我国与蒙古国联合申报的"蒙古族长调民歌"被联合国教科文组织宣布进入《人类口头非物质遗产代表作》。这是我国和其他国家第一个联合申报得到批准的非遗项目，而后我国还与周边国家开展了其他联合申报的工作。对此，文化部曾发表态度"合作保护比申报竞争重要"。这种态度，体现了我国文化大国的姿态，也是对新发展理念——开放共享的最好解释。

提高对"整体性"理念的认识

　　整体性保护是非遗保护开展以来长久沿用的方法之一。它所蕴含的指导意义远比我们已知的复杂和多层次。以往的保护工作中，忽略了对整体性的全面理解和认识。其实，整体性并不单是某项非遗的保护方法，使用在非遗的宏观理解上应该拓展其外延，加强对整体性的认识，结合实际全面立体地开展保护工作。

　　"见人见物见生活"是文化和旅游部近年提出的非遗保护的工作理念。非遗是无形的，但其与所存在的载体和滋养的环境息息相关。无论是其物质载体，还是创造着智力活动的人类，促使着非遗在实际中时时变化。这恰巧代表笔者认为应加强的非遗整体性认识的部分，也就是说，保护非遗不能只关注"无形"，"有形"是非遗存在于世界的表现方式。非遗的有形载体的存在，才促使了非遗的传承和发扬。非物质和物质形态结合在一起考虑，增加对非遗"见人见物见生活"的统一、立体保护观念，有利于非遗的未来发展。

　　这也引出了下一个议题。

　　非遗物遗整体观。这点和上述的意见一致，但方向不同。未来保护工作应该提高文化遗产观整体性的认识。保护非遗以来，我国在工作中是将非遗单拿出来谈保护，文物、古建单独谈保护，但是非遗和物遗很难剥离得干净，双方的协调发展才是存在历史的状态。比如文物、古建筑、传统村落无疑是物遗，但其中蕴含着非遗，没有非遗的驱动，物遗无法建立。未来在保护工作中，应加强非遗和物遗整体保护的文化遗产观念，启动共同保护的发展趋势，使文化遗产大概念慢慢取代非遗和文物分别保护的概念。

保护非遗和国家文化发展整体观。非遗是我国传统文化、民间文化的优秀集成，是弘扬中华民族、促进国家发展的必要方式。通过非遗和国家政策结合、非遗和整体文化的融合、非遗和社会发展结合，加强非遗和环境、社会、国家为一体的整体性认识，拓宽非遗保护的范围，不仅大大提高我国文化软实力水平，也可以推动加强我国的整体实力发展。

结　语

　　多年以来，随着我国综合实力的提高，2019 年的今天，国民的生活环境和生活方式发生了翻天覆地的变化。城镇化、科技化与国际发展快速接轨，民众在物质生活富足的同时，精神文化的眼界也变得开阔，不可避免地受到了外来文化的影响。各种因素交叠导致我国传统文化的式微，这种情况逐渐在现代化生活方式中越来越突出。

　　与此同时，全世界许多国家面临着相似的文化困境，基于守护、促进人类文化多样性的角度，联合国教科文组织确立非物质文化遗产概念并推向世界。我国是第一批加入《保护非物质文化遗产公约》的缔约国，2004 年 8 月于第十届全国人民代表大会常务委员会通过了《保护非物质文化遗产公约》在中国施行，至今已 16 年有余。

　　对于我国，非物质文化遗产是一个外来的新名词，代表的却是古老的优秀传统文化，它适于移植在我们有着五千年文化的文明历史的国家中。无论是国家层面对非物质文化遗产保护的重视和推动，还是民族、民众因为非遗唤醒了自己民族特有的传统文化记忆，非遗在我国是在恰当的时机深深地扎根了。

非物质文化遗产保护的20年，我国交上了一份具有中国特色引人瞩目的成绩单。面向国际，中国是列入联合国教科文组织"人类非物质文化遗产名录"项目最多的国家，通过我国丰富多彩的非遗宝藏和稳扎稳打的履职能力，展现了恢宏大气的历史文化大国风范。面向国内，我国全面普查了非遗资源、确立了国家非遗名录、建立起非遗保护体系，在开展非遗保护中，探索、创新工作方式方法，形成了非遗保护的中国经验。

丰硕的保护成果和卓著的保护成效与国家对非遗保护的大力推动分不开。工作开展伊始，我国就以国家立场和总体高度定位部署非遗保护，对于这项公共文化事业，投入了资金、人员、时间、资源等巨大成本开展实践。在我国，非遗保护从来不是单一的命题，而是和地域文化发展、地方经济建设、利民惠民政策等重要发展任务密切结合在一起。如此一来，文化衔接政府其他各项规划产生了以点带面、对接互动、影响深远的良好局面，使非遗保护深入人心。

目前，世界上已有170多个国家成为联合国教科文组织《保护非物质文化遗产公约》的缔约国。非物质文化遗产保护在人类精神文化、国际文化交流的建设上，产生了积极的长效的作用。非遗保护20年，我们应该认识到，非物质文化遗产保护是全世界的文化行动，是全人类文化多样性的保证，应该以人类为整个共同体看待非遗保护长远发展的意义。

我国的非遗并不只代表我国优秀的古老的文化，也是整个人类优秀传统文化的代表。作为中国人，我们应该自豪拥有我国非遗传承人这个闪亮的名片。非遗保护，离不开民众，民众既是非遗的拥有者，也是非遗的传承人，还将成为非遗的活态传承中的一环。

　　非遗是有生命的，当下所能留下的，所能存活的，是经过了历史的选择，人民的取舍的智慧浓缩。保护非遗工作，除了抢救、保护珍贵记忆和现有非遗，还要普及、推广非遗，让非遗进入民众的心中，真正地点燃内在驱动力，从自身生发出文化自信、文化自觉。通过以往的努力，在民众心中，已经对非遗产生了美好愿景，埋下了保护、传承非遗的种子，充满着以保护非遗为己任的责任感。下一步，将就如何利用非遗，更好地为非遗创新、发展打下基础，将非遗完全融入现代生活，使民众成为真正的非遗的主人。民众为中华民族的优秀文化传统自豪，自愿加入保护非遗的行列中，才是非遗保护工作的真正目的和未来非遗保护工作努力的方向。

　　我国是五千年历史文化积淀的文明古国，20 年非物质文化遗产保护的历程，只是保护优秀传统文化在现代行进的一小步。20年来，我国非遗保护、实践的力度和已经取得的成绩为下一步开展工作打下了基础。笔者认为，保护非遗不是短期工程，而是长久的文化事业组成部分。保护非遗是发扬属于我们自己的优秀传统文化，延续中华民族文化根脉，是中华民族子孙后代的责任和每一位国民的任务。期冀未来我国非遗保护秉承联合国教科文组织非遗保护的原则、理念，遵循文化发展规律，在可持续发展的基础上进一步开展非遗保护，利用、开发非遗的优势，结合现实环境开展保护，发挥和发扬非遗的全部作用和价值。

时光荏苒，非遗保护 20 年辛苦勤勉。与源远流长的沉默的非物质文化遗产相比，这不过是瞬息之间；未来可期，非遗的保护已经进入了民众主导的阶段，秉承对文化的自信、自觉，中国的非物质文化遗产会开创新的灿烂。

参考文献

联合国教科文组织.保护非物质文化遗产公约[EB/OL](2003-12-08)[2018-11-20].http://www.ihchina.cn/zhengce.

中华人民共和国政府.中华人民共和国非物质文化遗产法[EB/OL](2011-02-28)[2018-12-16].http://www.ihchina. cn/zhengce.

乌丙安.人类口头和非物质文化遗产保护的由来和发展[J].广西师范学院学报,2004,(3).

刘魁立.非物质文化遗产永恒魅力源于醇厚内涵[J].前线,2007,(2).

刘锡诚.非遗保护的一个认识误区[J].河南社会科学,2011,(5).

王文章.非物质文化遗产概论[M].北京:文化艺术出版社,2006.

周和平.我国保护非物质文化遗产的实践与探索[J].艺术教育,2018,(17).

项兆伦.关于我国当前非物质文化遗产保护工作的几个问题[J].文化遗产,2017,(4).

潘鲁生.始终如一的守护与传承——我眼中的民间文艺七十年[N].光明日报,2019-10-25.

苑利 . 文化遗产与文化遗产学解读 [J]. 江西社会科学，2005，（3）.

黄涛 . 近年来非物质文化遗产保护工作中政府角色的定位偏误与矫正
[J]. 文化遗产，2013，（3）.

安德明 . 非物质文化遗产保护的中国实践与经验 [J]. 民间文化论坛，
2017，（4）.

宋俊华 . 非物质文化遗产概念的诠释与重构 [J]. 学术研究，2006，（9）.

赵德利 . 主导·主脑·主体——非物质文化遗产保护中的角色定位 [J].
宝鸡文理学院学报，2006，26（01）.

后　记

　　《中国非遗保护与研究20年》是我第一本个人学术专著。成稿于2019年，于2020年出版。

　　为了编著《非物质文化遗产学术研究——亲历者口述史》系列丛书，站在"三十而立"的年岁，我经历了3个寒来暑往，积淀了一千多个日夜，终于在第四个春天迎来收获。

　　物质的存在有期限，精神的存在是无期限的。口述历史是将记忆成为实录的过程，是展现精神遗留最好的方式之一。

　　高山仰止，景行行止。这套丛书成就了一次读者向大家接近、学习的机缘，我认为这也是一种传承。

　　口述史学是研究历史，历史的核心是人，非物质文化遗产保护的核心也是人。所以研究人的文化，需要研究文化的人来做。

　　研究传统文化，则更需要有情怀有担当的人。因为我们面对的不是新潮，而是厚重。要承担这份来自时间的积淀、人文的演变的厚重，就得吃得了苦，耐得了寂寞，受得了委屈。

　　人生苦短，做有意义的事情会值得。我用人生中的三年有余做了一件我认为非常有意义和重要的事情。

感谢我的老师刘锡诚先生，他是我编撰《非物质文化遗产学术研究——亲历者口述史》系列丛书灵感的来源，也是本书《中国非遗保护与研究 20 年》的命名者。

感谢几年中支持我的前辈和朋辈，你们的友爱和无私帮助是我的后盾和支援。

感谢我的挚友，你们的关切和鼓励给予了我情感上的支撑。

特别感谢我的家人，在我创作本书和为丛书奔波时，帮我分担了很多生活之事。我生命中重要的一分子咪宝儿，则是我坚持下来的动力。

还要感谢对本书抱以看好和期待的读者。

山河月明，来日再相逢。

刘 勍

写在出版之际

2020 年盛春